SUMÁRIO

SALGADOS

Almôndega..6	Costelinha ao Barbecue..............................42
Amendoim Torrado.......................................6	Costela Suína com Molho Asiático............43
Anel de Cebola Crocante.............................7	Costelinha de Milho.....................................44
Aperitivo de Coração de Frango................8	Couve-flor com Queijo.................................45
Arroz à Grega..9	Coxa de Frango...46
Arroz Branco..10	Coxa de Frango Crocante..........................46
Baguete de Linguiça Toscana com Queijo.....11	Coxa e Sobrecoxa Desossada Recheada com
Batata Assada Recheada com Presunto e Queijo.....12	Queijo Coalho...47
Batata Frita..13	Crepioca..48
Batata Frita Dourada................................14	Crispy de Couve...48
Batata Frita Picante..................................15	Croquete de Batata....................................49
Batata Laminada..15	Croquete de Carne de Panela com Batata Palha.....50
Batata Recheada com Calabresa e Bacon.....16	Dadinho de Tapioca com Geleia de Pimenta.....51
Batata Rústica..17	Dadinho de Tapioca com Goiabada e Queijo.....52
Batata Rústica Recheada........................18	Dadinho de Tapioca Fácil.........................52
Berinjela Grelhada.....................................19	Empada de Pernil com Barbecue...........54
Bife à Milanesa...20	Empanada de Linguiça..............................54
Bife Frito..20	Empanado de Frango com Batata Palha.....55
Bolinho de Queijo.......................................21	Enroladinho de Salsicha..........................56
Bolinho de Abobrinha.................................21	Escondidinho de Linguiça Calabresa....57
Bolinho de Abobrinha com Queijo............22	Espetinho de Carne...................................58
Bolinho de Arroz..22	Falafel..59
Bolinho de Arroz com Batata..................24	Filé de Frango ao Molho de Tomate......60
Bolinho de Arroz Funcional......................25	Filé de Frango à Parmegiana..................61
Bolinho de Batata com Parmesão e Salsa.....25	Filé de Peixe Branco com Calda de Laranja.....61
Bolinho de Camarão com Queijo.............26	Fraldinha na Manteiga com Alho...........62
Bolinho de Carne..27	Frango a Passarinho.................................62
Bolinho de Couve-flor................................28	Frango Assado Recheado com Farofa.....63
Bolinho de Couve-flor com Chips de Tortilha.....28	Frango Grelhado com Molho de Mostarda.....64
Bolinho de Mac and Cheese....................30	Frango Supercrocante com Aveia..........64
Bolinho de Mandioca com Carne-seca.....30	Galeto com Tomilho....................................66
Bolinho de Peixe...31	Hambúrguer de Carne Bovina Grelhado.....67
Bolinho de Queijo Empanado com Batata Palha.....32	Lanche de Pernil...67
Bolinho de Salmão.....................................32	Lasanha de Abobrinha com Frango......68
Bolinho Salgado..33	Lasanha de Berinjela...............................68
Bolovo...34	Lasanha de Queijo e Presunto...............69
Brusqueta de Calabresa..........................35	Lasanha Vegetariana................................70
Cachorro-quente Assado.........................36	Linguiça Calabresa Defumada...............71
Camarão Grelhado com Alho..................36	Lombo Assado com Batata Rústica e Alecrim.....72
Camarão Rápido e Fácil...........................37	Mac and Cheese Gratinado....................73
Carne Assada..38	Macarrão com Queijo Feta.....................74
Cheese Dog..39	Miniquibe..75
Chips Crocantes de Abobrinha................40	Moqueca de Peixe e Camarão................76
Chips de Banana...41	Nhoque de Abóbora...................................77
Chips de Batata-doce...............................41	Nhoque de Couve-flor................................78
Chips de Macarrão....................................42	Nugget Caseiro...79

Omelete 79	Pizza de Rap 10 97
Omelete de Legumes 80	Pizza Marguerita 97
Omelete de Tomate 81	Pizza Marguerita Caseira 98
Omelete Fit 82	Polenta Frita com Queijo e Ervas 99
Ovo Cozido 82	Polenta Frita Picante com Molho de Tomate 100
Ovo Frito 83	Porchetta 100
Pamonha Cremosa Fácil 84	Quibe 101
Pão Caseiro Temperado 84	Quibe de Abóbora 101
Pão Caseiro 85	Quibe de Abóbora com Carne Moída 102
Pão com Linguiça 86	Quiche de Bacon e Queijo 102
Pão com Linguiça Crocante 86	Quiche de Frango 103
Pão com Linguiça e Bacon 87	Risoto Caipira de Linguiça e Bacon 104
Pão com Ovo 88	Rocambole de Carne Moída 104
Pão de Alho 89	Salpicão na Cestinha de Pastel 105
Pão de Alho com Queijo 89	Snack de Farfalle 105
Pão de Batata 90	Snack de Grão-de-bico 106
Pão de Forma 91	Sobrecoxa Assada com Limão e Salada de Risoni 107
Pão de Queijo 92	Steak Tartare com Batata Assada 108
Pão de Queijo Cottage e Espinafre 92	Suflê de Legumes 108
Pão de Queijo de Tapioca 93	Tartine de Legumes Grelhados com Maionese 110
Pãozinho de Minuto 93	Tilápia à Romana 110
Pastel Assado 94	Terrine com Pesto e Tomate Confit 111
Pastel de Angu 94	Tomate Recheado 111
Peixe Empanado 96	Torta de Liquidificador 112
Picanha na Air Fryer 96	Tulipa de Frango Apimentada 112

DOCES

Abacaxi Frito com Mel 115	Churro de Chocolate 138
Banana Crocante 116	Churro Light 139
Banana-da-terra com Açúcar e Canela 117	Cocada Cremosa 139
Banana Toast 117	Cookie 140
Bolinho de Banana 118	Cookie de Chocolate Rápido 140
Bolinho de Banana com Aveia 119	Cookie de Granola 141
Bolinho de Chocolate com Aveia 120	Cookie de Toddy® 141
Bolinho de Chuva 120	Cookie sem Glúten 142
Bolinho de Paçoca 122	Crumble de Banana com Aveia 142
Bolo de Banana Fit 122	Crumble de Maçã 144
Bolo de Caneca de Chocolate 123	Fondue de Chocolate com Frutas 144
Bolo de Cenoura 124	Maçã Assada com Aveia e Nozes 145
Bolo de Cenoura com Farinha de Amêndoa e Ganache de Chocolate 125	Maçã Assada Recheada com Tâmara e Castanha 145
Bolo de Chocolate 126	Maçã com Canela e Gengibre 147
Bolo de Chocolate com Cobertura 127	Muffin de Banana com Chocolate 147
Bolo de Fubá 128	Pamonha Cremosa Fácil 148
Bolo de Fubá Cremoso 129	Pastel de Maçã 148
Bolo de Laranja 129	Pastel de Nata Português 149
Bolo de Maçã com Cenoura 131	Pavlova com Iogurte e Frutas Vermelhas 149
Bolo Lava de Chocolate 132	Petit Gateau 151
Brigadeirão 133	Petit Gateau de Doce de Leite 151
Brownie 133	Pudim de Leite Condensado 152
Brownie com Avelã e Doce de Leite 134	Pudim de Doce de Leite 153
Brownie de Batata-doce 134	Quindim 153
Brownie de Cacau sem Glúten e sem Lactose 136	Rabanada de Coco com Calda de Goiabada 154
Brownie de Chocolate com Aveia 136	Romeu e Julieta 154
Carolina Recheada 137	Sorvete Frito 155
Chips Crocantes de Banana 137	Suflê de Chocolate 155
Chips de Banana 137	Suflê de Chocolate com Rum 156
Chips de Maçã 138	Torrada com Chocolate Meio amargo 156
	Torta de Maçã 157

Receitas com Air Fryer

ENCONTRE MAIS
LIVROS COMO ESTE

Copyright desta obra © IBC - Instituto Brasileiro De Cultura, 2024

Reservados todos os direitos desta tradução e produção, pela lei 9.610 de 19.2.1998.

1ª Impressão 2024

Presidente: Paulo Roberto Houch
MTB 0083982/SP

Coordenação Editorial: Priscilla Sipans
Coordenação de Arte: Rubens Martim
Diagramação: Renato Darim Parisotto
Preparação e Revisão de Texto: Mara Luongo Dias
Apoio de revisão: Leonan Mariano e Lilian Rozati

Vendas: Tel.: (11) 3393-7727 (comercial2@editoraonline.com.br)

Foi feito o depósito legal.
Impresso na China

Dados Internacionais de Catalogação na Publicação (CIP) de acordo com ISBD

C181d   Camelot Editora

200 Receitas com Air Fryer / Camelot Editora. – Barueri : Camelot Editora, 2024.

144 p. ; 15,1cm x 23cm.

ISBN: 978-65-6095-078-8

1. Culinária. 2. Receitas. 3. Air Fryer. I. Título.

2024-412   CDD 641.5   CDU 641.8

Elaborado por Odilio Hilario Moreira Junior - CRB-8/9949

IBC — Instituto Brasileiro de Cultura LTDA
CNPJ 04.207.648/0001-94
Avenida Juruá, 762 — Alphaville Industrial
CEP. 06455-010 — Barueri/SP
www.editoraonline.com.br

RECEITAS SALGADAS

Almôndega

Por Philco
Rendimento: 10 unidades
Grau de dificuldade: Fácil
Tempo de preparo: 45 minutos

Ingredientes
- 500 g de carne moída
- Sal a gosto
- Temperos de sua preferência a gosto
- 1 ovo
- Farinha de aveia (se necessário)
- Requeijão a gosto (para rechear)

Preparo
Em um recipiente, coloque a carne moída, o sal e os temperos de sua preferência, misturando bem. Em seguida, adicione o ovo e misture com as mãos. Se preferir uma massa mais firme, adicione farinha de aveia (ou outra farinha de sua preferência). Feito isso, pegue pequenas porções de massa, abra na palma da mão e recheie com o requeijão. Em seguida, modele bolinhas e coloque-as no cesto da fritadeira, uma ao lado da outra. Por fim, leve as almôndegas para assar na air fryer preaquecida a 180ºC por cerca de 15 minutos, virando-as na metade do tempo. Sirva ainda quentes.

Amendoim Torrado

Por Philco
Rendimento: 6 porções
Grau de dificuldade: Fácil
Tempo de preparo: 20 minutos

Ingredientes
- 300 g de amendoim com casca
- Sal a gosto
- 1 colher (de sopa) de azeite
- 1 colher (de sopa) de água

Preparo
Coloque o amendoim, o sal, o azeite e a água em um recipiente e misture bem. Despeje o preparo no cesto da air fryer e leve para assar a 180ºC por cerca de 15 minutos, mexendo a cada 5 minutos para dourar por igual. Retire o amendoim do aparelho, deixe amornar e sirva.

Anel de Cebola Crocante

Por VigilantesdoPeso
Rendimento: 4 porções
Grau de dificuldade: Fácil
Tempo de preparo: 40 minutos

Ingredientes

- ✓ 2 cebolas grandes cortadas em rodelas de 2 cm
- ✓ ½ xícara (de chá) de leite
- ✓ 2 colheres (de sopa) de suco de limão
- ✓ 1 ovo
- ✓ 1/3 de xícara (de chá) de farinha de trigo
- ✓ 1 colher (de chá) de molho de pimenta
- ✓ ¾ de colher (de chá) de sal
- ✓ ½ colher (de chá) de páprica
- ✓ ¼ de xícara (de chá) de amido de milho (para empanar)
- ✓ 1 xícara (de chá) de farinha panko ou farinha de rosca (para empanar)
- ✓ Óleo em spray (para untar e pincelar)

Preparo

Separe as rodelas de cebola em anéis, selecionando os 20 maiores (reserve os demais para outro preparo). Em um recipiente, misture o leite com o suco de limão. Reserve. À parte, bata o ovo, a farinha de trigo, o molho de pimenta, o sal e a páprica até obter uma mistura homogênea. Com o auxílio de um garfo, passe os anéis de cebola no amido de milho. Depois, mergulhe-os na massa de farinha de trigo e deixe escorrer o excesso. Por fim, passe-os na farinha panko, empanando-os. Feito isso, acomode cerca de 10 anéis de cebola no cesto da air fryer levemente untado com o óleo em spray, distribuindo-os em camada única. Borrife um pouco de óleo sobre a cebola e asse na air fryer, preaquecida a 180ºC, por cerca de 5 minutos. Vire os anéis e borrife mais um pouco de óleo, retornando-o à fritadeira por mais 5 minutos, ou até a cebola ficar crocante. Repita o processo com os demais anéis de cebola.

Aperitivo de Coração de Frango

Por Chef Luis Henrique Nicolette (Pomarola/Cargill)
Rendimento: 6 porções
Grau de dificuldade: Fácil
Tempo de preparo: 1 hora

Ingredientes
- 600 g de coração de frango
- 50 g de manteiga sem sal
- 200 g de molho de tomate Pomarola® Tradicional
- 25 g de alho fatiado
- 100 g de cebola fatiada
- Azeite a gosto
- Sal e pimenta-do-reino a gosto
- Cheiro-verde picado a gosto

Preparo
Em um recipiente, misture o coração de frango, a manteiga sem sal, o molho de tomate, o alho, a cebola, o azeite, o sal, a pimenta-do-reino e o cheiro-verde. Reserve para marinar por 30 minutos. Por fim, disponha o preparo no cesto da air fryer e asse a 200ºC por cerca de 25 minutos, ou até dourar.

Arroz à Grega

Por Receitas Nestlé
Rendimento: 8 porções
Grau de dificuldade: Fácil
Tempo de preparo: 30 minutos

Ingredientes

- 2 colheres (de sopa) de óleo
- 1 pimentão verde pequeno cortado em tiras finas
- 1 pimentão vermelho pequeno cortado em tiras finas
- 1 cenoura cortada em tiras finas
- 1 cebola picada
- 1 dente de alho picado
- 1 xícara (de chá) de uva-passa
- 2 xícaras (de chá) de arroz lavado e escorrido
- 2 tabletes de caldo de galinha Maggi®
- 4 xícaras (de chá) de água fervente

Preparo

Ajuste a temperatura da air fryer para 180°C. No cesto da fritadeira, coloque o óleo, os pimentões, a cenoura, a cebola e o alho, e leve à air fryer por cerca de 5 minutos. Junte a uva-passa e o arroz, misturando bem. À parte, dissolva os tabletes de caldo de galinha na água fervente. Adicione a água no cesto da air fryer e mexa. Deslize o cesto para dentro da fritadeira e deixe cozinhar por cerca de 15 minutos. Se após esse tempo o arroz ainda estiver firme, adicione mais água quente aos poucos e siga cozinhando de 5 em 5 minutos, até que fique "al dente". Sirva em seguida.

Veja esta e outras receitas em:
www.receitasnestle.com.br

Arroz Branco

Por General Mills – Kitano
Rendimento: 4 porções
Grau de dificuldade: Fácil
Tempo de preparo: 25 minutos

Ingredientes
- 1 colher (de sopa) de azeite
- ½ cebola picada
- 1 colher (de sopa) de alho granulado Kitano
- 1 colher (de sopa) de salsa desidratada Kitano
- ½ xícara (de chá) de arroz
- Sal a gosto
- 1 colher (de sopa) de pimenta-do-reino preta em pó Kitano®
- 2 xícaras (de chá) de água quente
- Cebolinha (para decorar)

Preparo
No cesto da air fryer, coloque o azeite, a cebola, o alho e a salsa, e leve à fritadeira, a 160ºC, por cerca de 3 minutos. Depois, acrescente o arroz na mistura, tempere com sal e pimenta-do-reino, e deixe refogar por cerca de mais 3 minutos. Abra o cesto, mexa um pouquinho e adicione a água quente. Deixe cozinhar por, aproximadamente, 20 minutos, controlando o ponto do arroz. Se necessário, adicione mais água. Por fim, retire o arroz da air fryer, acomode em uma travessa e polvilhe cebolinha por cima.

Baguete de Linguiça Toscana com Queijo

Por Sadia
Rendimento: 5 porções
Grau de dificuldade: Fácil
Tempo de preparo: 40 minutos

Ingredientes
✓ 1 pacote de linguiça toscana Sadia® (950 g)
✓ 2 xícaras (de chá) de queijo muçarela Sadia® ralado
✓ 5 baguetes individuais
✓ 2 colheres (de sopa) de azeite (para regar)
✓ Salsinha picada a gosto (para polvilhar)
✓ Vinagrete (para servir)

Preparo
Retire toda a pele das linguiças e coloque a carne em um refratário médio. Acrescente a muçarela ralada e misture bem. Reserve. À parte, corte as baguetes ao meio e coloque a carne da linguiça com a muçarela, cobrindo toda a superfície do pão. Coloque as baguetes na air fryer e asse-as a 180°C por cerca de 15 minutos, ou até que estejam cozidas e levemente douradas. Retire as baguetes da fritadeira, regue-as com o azeite e polvilhe a salsinha por cima. Sirva em seguida, com vinagrete.

Batata Assada Recheada com Presunto e Queijo

Por NutriU/Philips Walita
Rendimento: 2 porções
Grau de dificuldade: Fácil
Tempo de preparo: 45 minutos

Ingredientes

- ✓ 2 batatas grandes com casca
- ✓ 100 g de presunto cozido defumado cortado em cubos
- ✓ 60 g de queijo gouda ralado
- ✓ 7 g de endro picado
- ✓ 1 pitada de sal
- ✓ 1 pitada de pimenta-do-reino
- ✓ 2 g de molho de pimenta
- ✓ 2 colheres (de sopa) de maionese

Preparo

Escove bem as batatas com uma escova de legumes. Coloque-as no cesto da air fryer e asse-as a 180ºC por cerca de 40 minutos. Enquanto isso, prepare o recheio. Para isso, em um recipiente, misture o presunto, o queijo, o endro, o sal, a pimenta-do-reino, o molho de pimenta e a maionese. Quando as batatas estiverem assadas, corte-as ao meio no sentido do comprimento e, com uma colher de chá, faça buracos no centro. Amasse a batata retirada e misture com os ingredientes do recheio, formando uma massa. Feito isso, disponha o recheio nas batatas e retorne-as à air fryer por 5 minutos, ou até derreter o queijo. Sirva em seguida.

Batata Frita

Por General Mills – Kitano
Rendimento: 4 porções
Grau de dificuldade: Fácil
Tempo de preparo: 25 minutos

Ingredientes
✓ 300 g de batata
✓ Sal a gosto
✓ 1 colher (de sopa) de pimenta-do-reino preta em pó Kitano®
✓ 1 colher (de sopa) de orégano Kitano®
✓ 1 colher (de sopa) de azeite (opcional)

Preparo
Lave as batatas, corte-as em tiras e seque-as com um pano ou papel-toalha. À parte, preaqueça a air fryer por cerca de 5 minutos a 200ºC. Então, em um recipiente, tempere as batatas com o sal, a pimenta-do-reino e o orégano, misturando bem. Se desejar, unte as batatas com um pouco de azeite. Feito isso, acomode as batatas no cesto e deixe fritar na air fryer por, pelo menos, 15 minutos, ou até dourar. Sirva em seguida.

Batata Frita Dourada

Por Gaabor
Rendimento: 2 porções
Grau de dificuldade: Fácil
Tempo de preparo: 15 minutos

Ingredientes
- 3 batatas grandes
- Água (o suficiente)
- Sal a gosto

Preparo
Corte as batatas em tiras ligeiramente espessas e mergulhe-as em água fria. Em seguida, coloque-as em uma panela com água e deixe cozinhar por 2 minutos após levantar fervura. Escorra-as e leve-as à geladeira por 1 hora. Feito isso, coloque as fritas no cesto da air fryer, tempere-as com sal e frite-as a 180ºC por cerca de 15 minutos, ou até dourar. Sirva em seguida.

Batata Frita Picante

Por VigilantesdoPeso
Rendimento: 4 porções
Grau de dificuldade: Fácil
Tempo de preparo: 25 minutos

Ingredientes
- 500 g de batata-inglesa ou batata-doce
- 2 colheres (de chá) de azeite
- 1 colher (de chá) de páprica
- ½ colher (de chá) de sal
- ¼ de colher (de chá) de mix de pimenta moída
- Azeite (para untar)

Preparo
Corte as batatas ao meio, no sentido do comprimento. Em seguida, corte fatias de cerca de 0,5 cm de espessura, formando batatas palito. Coloque as batatas em um recipiente grande e regue-as o azeite, misturando bem para incorporar. Em seguida, tempere-as com a páprica, o sal e o mix de pimenta. Preaqueça a air fryer a 180ºC. Enquanto isso, unte o cesto da fritadeira com azeite e acomode metade das batatas. Frite-as por cerca de 10 minutos, ou até dourar, mexendo na metade do tempo para fritar por igual. Feito isso, retire as batatas da air fryer e repita o processo com o restante das batatas. Sirva em seguida.

Batata Laminada

Por Arno
Rendimento: 4 porções
Grau de dificuldade: Fácil
Tempo de preparo: 50 minutos

Ingredientes
- 3 batatas grandes
- Manteiga com sal derretida (o necessário)
- Sal a gosto

Preparo
Descasque e corte as batatas em lâminas finas. Em seguida, em um refratário redondo, disponha as batatas em formato de flor, lado a lado. Pincele a manteiga derretida sobre as batatas e tempere-as com o sal. Por fim, leve-as para assar na air fryer, preaquecida entre 160ºC e 170ºC, por cerca de 30 minutos, ou até que estejam douradas.

Batata Recheada com Calabresa e Bacon

Por Perdigão
Rendimento: 4 porções
Grau de dificuldade: Fácil
Tempo de preparo: 1 hora

Ingredientes
✓ Água (o necessário)
✓ 4 batatas pequenas
✓ 1 copo de requeijão (200 g)
✓ 50 g de queijo muçarela fatiado e cortado em pedaços pequenos
✓ 2 gomos de linguiça calabresa Perdigão® picada e frita sem adição de óleo
✓ 150 g de bacon Perdigão® cortado em cubos e frito sem adição de óleo
✓ Cheiro-verde picado a gosto

Preparo
Em uma panela, leve ao fogo médio a água e as batatas inteiras com casca, deixando até que as batatas estejam macias. Depois de cozidas, escorra a água e, com o auxílio de uma colher, retire um pouco do miolo da batata, formando uma canoa. À parte, em um recipiente, misture o requeijão, a muçarela, o bacon frito e a calabresa frita. Feito isso, recheie as batatas com a mistura obtida e leve-as para assar na air fryer, preaquecida a 200ºC, por 15 minutos, ou até dourar. Retire as batatas da air fryer, polvilhe o cheiro-verde picado e sirva.

Batata Rústica

Por Receitas Mondial
Rendimento: 4 porções
Grau de dificuldade: Fácil
Tempo de preparo: 45 minutos

Ingredientes
- 400 g de batatas
- Água (o necessário)
- 1 colher (de sopa) de azeite
- Sal a gosto
- 2 colheres (de sopa) de páprica picante
- Alecrim a gosto
- Catupiry ou requeijão cremoso a gosto (opcional)
- Alho frito a gosto (opcional)
- Bacon cortado em cubinhos a gosto (opcional)

Preparo
Lave bem as batatas com uma escova. Sem descascá-las, corte-as na vertical, em formato de meia-lua grossa, com mais ou menos 1 dedo de espessura. Coloque as batatas cortadas em uma vasilha e cubra com água. Deixe descansar por cerca de 30 minutos. Enquanto isso, preaqueça a air fryer a 200ºC por 5 minutos. Em seguida, escorra bem a água das batatas e seque-as com papel-toalha ou pano limpo. Coloque-as de volta na vasilha e tempere-as com o azeite, o sal, a páprica picante e o alecrim. Mexa bem com as mãos para que fiquem todas cobertas uniformemente com os temperos. Despeje as batatas temperadas no cesto da air fryer e deixe assar por 30 minutos, mexendo na metade do tempo para que dourem por igual. Por fim, retire as batatas da fritadeira, coloque-as em uma travessa e, se preferir, cubra com catupiry ou requeijão, alho frito e bacon em cubinhos.

Batata Rústica Recheada

Por Camponesa
Rendimento: 2 porções
Grau de dificuldade: Difícil
Tempo de preparo: 30 minutos

Ingredientes
- 3 batatas cozidas e cortadas ao meio
- Sal a gosto
- Cebolinha picada a gosto
- 3 colheres (de sopa) de requeijão cremoso Camponesa®
- ½ xícara (de chá) de frango cozido e desfiado
- ½ xícara (de chá) de queijo muçarela ralado Camponesa®
- Queijo muçarela ralado Camponesa® (para polvilhar)

Preparo
Com o auxílio de uma colher, retire o miolo das batatas e transfira para um recipiente. Amasse bem o miolo da batata até formar um purê. Em seguida, adicione o sal, a cebolinha, o requeijão cremoso e o frango desfiado, misturando até incorporar bem. Por último, adicione o queijo muçarela. Então, complete as batatas com o recheio, polvilhe muçarela por cima e leve para a air fryer, a 200ºC, por cerca de 25 minutos, ou até derreter o queijo. Sirva em seguida.

Berinjela Grelhada

Por NutriU/Philips Walita
Rendimento: 2 porções
Grau de dificuldade: Fácil
Tempo de preparo: 30 minutos

Ingredientes
- ✓ 1 berinjela
- ✓ Água (o necessário)
- ✓ Sal (o necessário)
- ✓ 1 colher (de chá) de azeite
- ✓ 1 colher (de chá) de suco de limão-siciliano
- ✓ 1 pitada de sal em flocos

Preparo

Corte a berinjela no sentido do comprimento, com 1 cm de espessura. Em seguida, coloque-a em um recipiente com água e sal e deixe por 30 minutos. Seque em seguida. Feito isso, acomode as fatias de berinjela na air fryer, fazendo uma única camada, pincele-as com o azeite e leve-as para assar na air fryer, a 200ºC, por 12 minutos. Retire-as do aparelho, regue-as com o suco de limão e tempere-as com o sal em flocos. Se necessário, repita o processo com as demais fatias de berinjela. Sirva em seguida.

Bife à Milanesa

Por General Mills – Yoki
Rendimento: 4 porções
Grau de dificuldade: Fácil
Tempo de preparo: 30 minutos

Ingredientes

✓ ½ pacote de mistura em pó pronta para empanar Yoki® (150 g)
✓ Pimenta-do-reino branca moída Kitano® a gosto
✓ Páprica sabor defumado Kitano® a gosto
✓ 8 filés de alcatra ou da carne de sua preferência
✓ Água (o necessário)

Preparo

Em um prato, coloque a mistura em pó pronta para empanar e junte a pimenta-do-reino branca e a páprica. Então, umedeça os filés na água e passe-os na mistura para empanar temperada com a pimenta-do-reino e a páprica, pressionando bem para aderir em toda a superfície da carne. Então, acomode os filés no cesto da air fryer e leve-os para assar na fritadeira, preaquecida a 200ºC, por cerca de 10 a 15 minutos, virando-os na metade do tempo para dourar dos dois lados.

Bife Frito

Por Gaabor
Rendimento: 1 unidade
Grau de dificuldade: Fácil
Tempo de preparo: 20 minutos

Ingredientes

✓ 1 bife de sua preferência
✓ 1 tomate cortado em rodelas
✓ Brócolis a gosto
✓ Manteiga em temperatura ambiente a gosto
✓ Sal a gosto
✓ Pimenta-do-reino a gosto

Preparo

Coloque o bife, as rodelas de tomate e os pedaços de brócolis no cesto da air fryer. Em seguida, pincele-os com manteiga e leve à air fryer, a 200ºC, por cerca de 7 minutos. Feito isso, retire os vegetais da fritadeira, vire o bife e deixe-o fritar por mais 13 minutos, ou até obter o ponto da carne desejado. Por fim, retire o bife do aparelho e tempere-o com sal e pimenta-do-reino. Sirva em seguida.

Bolinha de Queijo

Por Britânia
Rendimento: 10 unidades
Grau de dificuldade: Fácil
Tempo de preparo: 15 minutos

Ingredientes
- 200 g de queijo muçarela ralado
- 200 g de queijo prato ralado
- 2 colheres (de sopa) cheias de amido de milho
- 1 ovo
- 1 colher (de sobremesa) de orégano
- Farinha de trigo (para empanar)
- 1 ovo levemente batido (para empanar)
- Farinha panko ou de rosca (para empanar)

Preparo
Em um recipiente, misture os queijos, o amido de milho, o ovo e o orégano. Feito isso, com as mãos, modele bolinhas com a massa obtida. Então, passe-as na farinha de trigo, no ovo batido e, por último, na farinha panko. Enquanto isso, preaqueça a air fryer a 200ºC por 5 minutos. Por fim, disponha as bolinhas empanadas no cesto da air fryer e leve-as para assar por cerca de 5 minutos, ou até dourar.

Bolinho de Abobrinha

Por Receitas Mondial
Rendimento: 6 porções
Grau de dificuldade: Fácil
Tempo de preparo: 30 minutos

Ingredientes
- 2 xícaras (de chá) de abobrinha ralada
- ½ cebola picada
- 2 ovos
- ½ xícara (de chá) de farinha de trigo ou farinha de arroz
- ½ xícara (de chá) de queijo parmesão ralado
- ½ xícara (de chá) de queijo muçarela ralado
- Sal e pimenta-do-reino a gosto
- 1 colher (de sopa) de azeite

Preparo
Em um recipiente, misture a abobrinha, a cebola, os ovos, a farinha, o queijo parmesão ralado, a muçarela ralada, o sal, a pimenta-do-reino e o azeite até incorporar bem. Em seguida, distribua a massa em forminhas para empada próprias para air fryer. Feito isso, acomode as forminhas no cesto da air fryer e asse a 200ºC por cerca de 8 a 10 minutos, ou até dourar.

Bolinha de queijo
página 21

Bolinho de Abobrinha com Queijo

Por NutriU/Philips Walita
Rendimento: 2 porções
Grau de dificuldade: Fácil
Tempo de preparo: 15 minutos

Ingredientes
✓ 200 g de abobrinha
✓ 30 g de queijo gouda ralado
✓ 1 ovo grande
✓ 25 g de farinha de rosca
✓ 1 pitada de sal
✓ 1 pitada de pimenta-do-reino moída

Preparo
Com o auxílio de um ralador, rale a abobrinha. Esprema para retirar o excesso de água formada. Feito isso, em um recipiente, misture a abobrinha ralada, o queijo gouda ralado, o ovo, a farinha de rosca, o sal e a pimenta-do-reino. Feito isso, coloque colheradas da massa no cesto da air fryer e leve os bolinhos para assar a 180ºC por cerca de 15 minutos, ou até dourar.

Bolinho de Arroz

Por Daniele Cambuí (Nutricionista do Vera Cruz Hospital)
Rendimento: 8 unidades
Grau de dificuldade: Fácil
Tempo de preparo: 20 minutos

Ingredientes
✓ 1 xícara (de chá) de arroz cozido e temperado
✓ 3 colheres (de sopa) de farinha de trigo
✓ 1 colher (de sopa) de salsinha picada
✓ 2 colheres (de sopa) de queijo parmesão ralado
✓ 1 ovo
✓ Sal e pimenta-do-reino a gosto
✓ Azeite (para pincelar)

Preparo
Em um recipiente, misture o arroz cozido e temperado, a farinha de trigo, a salsinha, o queijo parmesão ralado, o ovo, o sal e a pimenta-do-reino até incorporar bem. Em seguida, com o auxílio de duas colheres, modele bolinhos com a massa e disponha-as no cesto da air fryer pincelada com azeite. Asse os bolinhos a 190ºC por cerca de 10 minutos, ou até dourar.

Bolinho de Arroz com Batata

Por Mauricio Lopes (Chef e Docente dos cursos de graduação, pós-graduação e educação continuada na Universidade Presbiteriana Mackenzie)

Rendimento: 12 unidades
Grau de dificuldade: Fácil
Tempo de preparo: 30 minutos

Ingredientes

- 1 ovo
- 50 g de manteiga sem sal derretida
- 500 g de arroz cozido e temperado
- 30 g de queijo parmesão ralado
- 150 g de batata cozida e espremida
- Salsinha picada a gosto
- Sal a gosto
- Pimenta-do-reino a gosto
- Farinha de trigo (se necessário)
- Óleo de milho (para pincelar)

Preparo

Bata no liquidificador o ovo, a manteiga e metade do arroz. À parte, em um recipiente, misture o preparo obtido com o restante do arroz. Em seguida, adicione o queijo parmesão ralado, a batata cozida, a salsinha, o sal e a pimenta-do-reino moída. Se necessário, acrescente um pouco de farinha de trigo até obter uma massa consistente. Feito isso, modele os bolinhos com as mãos e leve-os ao freezer por, pelo menos, 1 hora. Por fim, acomode os bolinhos no cesto da air fryer pincelado com óleo e leve para assar a 190ºC, por cerca de 15 minutos, ou até dourar.

Bolinho de Arroz Funcional

Por Cintya Bassi (Coordenadora de Nutrição e Dietética do São Cristóvão Saúde)
Rendimento: 9 unidades
Grau de dificuldade: Fácil
Tempo de preparo: 30 minutos

Ingredientes
- 1 xícara (de chá) de arroz cozido e temperado
- 1 colher (de sopa) de farinha de trigo
- 2 colheres (de sopa) de farinha de aveia
- 1 colher (de sopa) de salsinha picada
- 2 colheres (de sopa) de queijo parmesão ralado
- 1 ovo
- 1 colher (de sopa) de chia
- Sal e pimenta-do-reino a gosto
- Azeite (para pincelar)

Preparo
Em um recipiente, misture o arroz cozido, a farinha de trigo, a farinha de aveia, a salsinha, o queijo parmesão ralado, o ovo, a chia, o sal e a pimenta-do-reino até obter uma massa homogênea. Em seguida, com as mãos, modele os bolinhos, pincele-os com o azeite e leve-os para assar na air fryer, a 190ºC, por cerca de 10 minutos, ou até dourar.

Bolinho de Batata com Parmesão e Salsa

Por NutriU/Philips Walita
Rendimento: 3 porções
Grau de dificuldade: Fácil
Tempo de preparo: 30 minutos

Ingredientes
- 400 g de batata cozida
- 1 ovo médio
- 25 g de queijo parmesão ralado grosso
- 3 colheres (de sopa) de farinha de trigo
- 5 g de salsa picada
- 1 colher (de sopa) de azeite
- 1 pitada de sal
- 1 pitada de pimenta-do-reino moída
- 1 colher (de chá) de azeite (para pincelar)

Preparo
Amasse as batatas ainda quentes com um espremedor de batata e adicione o ovo, o queijo parmesão ralado, a farinha de trigo, a salsa, o azeite, o sal e a pimenta-do-reino até obter uma massa lisa. Feito isso, umedeça as mãos, modele bolinhas e pincele-as com o azeite. Então, disponha os bolinhos no cesto da air fryer e asse-os a 180ºC por cerca de 10 minutos, ou até dourar.

Bolinho de Camarão com Queijo

Por Gaabor
Rendimento: 10 unidades
Grau de dificuldade: Difícil
Tempo de preparo: 25 minutos

Ingredientes

- 300 g de camarão cru picado
- 1 clara
- Sal a gosto
- 200 ml de vinho de arroz chinês
- 2 colheres (de sopa) de manteiga derretida
- 300 g do queijo de sua preferência cortado em cubos
- Farinha de trigo (para empanar)
- 1 ovo (para empanar)
- Farinha de rosca (para empanar)
- Azeite (para untar)

Preparo

Em um recipiente, misture o camarão, a clara, o sal e o vinho de arroz. Feito isso, adicione a manteiga derretida ao preparo, misture bem e leve à geladeira por 2 horas. Em seguida, pegue uma porção da massa de camarão, recheie-a com um pedaço de queijo e modele o bolinho. Depois, passe-o na farinha de trigo, no ovo e na farinha de rosca para empanar. Repita o processo até acabarem os ingredientes. Disponha os bolinhos no cesto da air fryer untado com azeite, e leve-os para assar a 180ºC por 16 minutos, virando-os na metade do tempo para dourarem por igual. Sirva em seguida.

Bolinho de Carne

Por General Mills – Kitano
Rendimento: 4 porções
Grau de dificuldade: Fácil
Tempo de preparo: 30 minutos

Ingredientes
- 500 g de carne moída
- 1 cebola pequena ralado
- 2 dentes de alho picado
- 2 colheres (de sopa) de coentro em pó Kitano®
- Pimenta-do-reino preta em pó Kitano® a gosto
- Sal a gosto
- 1 ovo pequeno (para empanar)
- ½ xícara de farinha de trigo ou farinha de rosca (para empanar)

Preparo
Em um recipiente, misture a carne moída, a cebola, o alho, o coentro em pó, a pimenta-do-reino e o sal a gosto. Feito isso, modele bolinhas e passe-as no ovo e na farinha para empanar. Leve os bolinhos ao freezer para congelar. Então, ligue a air fryer a 180ºC e deixe aquecer por 5 minutos. Por fim, acomode os bolinhos no cesto e leve-os para assar por, pelo menos, 15 minutos, ou até dourar. Sirva quente.

Bolinho de Couve-flor

Por Receitas Nestlé
Rendimento: 6 porções
Grau de dificuldade: Médio
Tempo de preparo: 35 minutos

Ingredientes
- ½ maço de couve-flor afervendada e picada
- 1 ovo
- 2 colheres (de sopa) de queijo parmesão ralado
- 1 xícara (de chá) de farinha de trigo
- 1 colher (de sopa) de fermento em pó
- 1 colher (de sopa) de Maggi® Fondor

Preparo
Preaqueça a air fryer a 200ºC. Enquanto isso, em um recipiente, coloque a couve-flor picada, o ovo, o queijo parmesão ralado, a farinha de trigo, o fermento em pó e o Maggi® Fondor. Então, forre a grade do cesto da fritadeira com papel-alumínio e distribua colheradas da mistura, deixando 2 centímetros de distância entre as porções. Feito isso, ajuste o timer para 6 minutos e asse os bolinhos até dourar. Repita o processo até acabar os ingredientes. Sirva quente.

Veja esta e outras receitas em:
www.receitasnestle.com.br

Bolinho de Couve-flor com Chips de Tortilha

Por VigilantesdoPeso
Rendimento: 12 unidades
Grau de dificuldade: Fácil
Tempo de preparo: 35 minutos

Ingredientes
- 400 g de couve-flor crua e ralada
- 50 g de chips de tortilha
- 1 clara
- ½ xícara (de chá) de queijo muçarela picado
- ½ colher (de chá) de alho em pó
- ¼ de xícara (de chá) de sal
- 1 pitada de pimenta caiena
- Azeite (para untar)

Preparo
Coloque a couve-flor ralada em um recipiente médio, cubra com plástico-filme e leve ao micro-ondas por 4 minutos. Feito isso, acomode a couve-flor em uma camada dupla de papel-toalha e deixe descansar até amornar, cerca de 3 a 5 minutos depois. Feito isso, junte as pontas do papel-toalha e esprema a couve-flor, retirando o máximo de água possível. Reserve. À parte, bata no liquidificador os chips de tortilha até formar uma farinha grossa. Em outro refratário, bata a clara com o auxílio de um batedor manual de arame. Junte a muçarela, o alho em pó, o sal e a pimenta caiena. Então, acrescente a couve-flor e misture bem. Divida a massa obtida em 16 porções iguais e, com as mãos, modele bolinhas. Em seguida, delicadamente, passe os bolinhos na farinha de tortilha, empanando-os completamente. Feito isso, unte o cesto da air fryer com azeite, disponha metade dos bolinhos e asse-os na fritadeira, preaquecida a 200ºC, por cerca de 10 minutos, ou até dourar. Repita o processo com os demais bolinhos.

Bolinho de Mac and Cheese
página 30

Bolinho de Mac and Cheese

Por Barilla
Rendimento: 6 porções
Grau de dificuldade: Fácil
Tempo de preparo: 40 minutos

Ingredientes

- 2 ovos
- 2 colheres (de sopa) de água
- Sal a gosto
- 300 g de Mac and Cheese gelado (veja receita na página 73)
- 200 g de farinha panko (para empanar)

Preparo

Em um recipiente, com o auxílio de um garfo, bata levemente os ovos com a água e o sal. Reserve. Feito isso, com o auxílio de uma colher, pegue uma porção do macarrão gelado e modele bolinhas com as mãos. Então, passe-as no ovo batido e na farinha panko. Acomode os bolinhos no cesto da air fryer e leve-os para assar, entre 180ºC e 200ºC, por cerca de 20 a 25 minutos, ou até dourar.

Dica: Se preferir, recheie os bolinhos com bacon frito ou requeijão.

Bolinho de Mandioca com Carne-seca

Por Philco
Rendimento: 25 unidades
Grau de dificuldade: Médio
Tempo de preparo: 1 hora e 45 minutos

Ingredientes da Massa

- 650 g de mandioca
- Água (o necessário)
- Sal a gosto
- 2 gemas
- 1 colher (de café) de sal
- 3 colheres (de sopa) de salsinha picada
- 1 colher (de sopa) de manteiga sem sal
- Pimenta-do-reino a gosto
- Farinha de trigo (se necessário)
- 2 ovos (para empanar)
- 1 xícara (de chá) de farinha de rosca (para empanar)

Ingredientes do Recheio

- ½ cebola picada
- 1 dente de alho picado
- 1 colher (de sopa) de azeite
- 350 g de carne-seca dessalgada e desfiada

Preparo

Preaqueça a air fryer a 200ºC por 4 minutos. Para fazer a massa, cozinhe a mandioca com a água e o sal até ficar macia. Escorra a água e amasse-a, ainda quente, com o auxílio de um garfo. Reserve para esfriar. Em um recipiente, misture a mandioca amassada, as gemas, o sal, a salsinha, a manteiga e a pimenta-do-reino até formar uma massa lisa. Se necessário, adicione um pouco de farinha de trigo até ela começar a desgrudar das mãos. Para preparar o recheio, em uma frigideira, refogue a cebola e o alho no azeite até dourar levemente. Acrescente a carne-seca desfiada e refogue por alguns minutos. Reserve. Feito isso, coloque ½ colher (de sopa) de massa nas mãos, abra um disco e recheie com 1 colher (de café) de carne-seca. Feche o disco e modele os bolinhos. Em seguida, empane os bolinhos, passando-os nos ovos e, depois, na farinha de rosca. Por fim, acomode-os no cesto da air fryer e frite-os a 180ºC por 15 minutos, mexendo a cada 4 minutos para dourarem por igual.

Bolinho de Peixe

Por Receitas Mondial
Rendimento: 3 porções
Grau de dificuldade: Difícil
Tempo de preparo: 45 minutos

Ingredientes
- 500 g de peixe em filé, postas ou pedaços
- 500 g de batatas sem casca e picadas
- 1 ovo
- 1 colher (de chá) de alho picado
- 1 colher (de sopa) de cebolinha picada
- 1 colher (de sopa) de salsinha picada
- 3 colheres (de sopa) de azeite
- Sal e pimenta-do-reino a gosto

Preparo
Coloque o peixe sem tempero na air fryer, a 180°C, por cerca de 10 a 15 minutos. Assim que estiver cozido, retire o peixe e, com o auxílio de um garfo, amasse até formar uma massa. Reserve. À parte, cozinhe as batatas até ficarem macias, mas não muito moles. Amasse-as com o auxílio de um garfo, deixe esfriar e leve à geladeira por 30 minutos. Feito isso, misture a massa de peixe, a batata, o ovo, o alho, a cebolinha, a salsinha, o azeite, o sal e a pimenta-do-reino. Misture bem até incorporar. Então, pegue uma pequena porção de massa com o auxílio de uma colher e modele os bolinhos. Asse-os na air fryer, a 200°C, por cerca de 10 a 15 minutos, ou até dourar.

Bolinho de Queijo Empanado com Batata Palha

Por General Mills – Yoki
Rendimento: 25 unidades
Grau de dificuldade: Fácil
Tempo de preparo: 25 minutos

Ingredientes
- 1 xícara (de chá) de leite
- 1 colher (de sopa) de margarina
- 1 xícara (de chá) de farinha de trigo
- 1 gema
- Sal a gosto
- 25 cubos de muçarela pequenos (para rechear)
- 2 ovos levemente batidos (para empanar)
- 100 g de batata palha extrafina Yoki® (para empanar)
- Farinha de rosca (para empanar)

Preparo
Em uma panela, leve ao fogo o leite, a margarina, a farinha de trigo, a gema e o sal e misture até formar uma massa homogênea. Retire da panela e reserve para esfriar. Feito isso, abra uma pequena porção de massa nas mãos, recheie com um cubo de muçarela e modele as bolinhas. Depois, para empanar as bolinhas, passe-as no ovo batido e na farinha de rosca misturada com a batata palha extrafina. Acomode as bolinhas no cesto da fritadeira e leve-as para a air fryer, preaquecida a 180ºC, por cerca de 20 minutos, ou até dourar.

Bolinho de Salmão

Por Marcella Garcez (Médica nutróloga)
Rendimento: 4 a 6 porções
Grau de dificuldade: Fácil
Tempo de preparo: 45 minutos

Ingredientes
- 450 g de salmão fresco, sem pele e sem espinhas
- ¼ de xícara (de chá) de farinha de rosca
- 1 ovo levemente batido
- 2 colheres (de sopa) de cebolinha picada
- 2 colheres (de sopa) de coentro picado
- 1 colher (de sopa) de suco de limão
- 1 colher (de chá) de alho em pó
- Sal e pimenta-do-reino a gosto
- Azeite (para pincelar)

Preparo
Preaqueça a air fryer a 180ºC por 5 minutos. Enquanto isso, em um recipiente, desfie o salmão em pedaços pequenos com o auxílio de um garfo. Então, adicione a farinha de rosca, o ovo, a cebolinha, o coentro, o suco de limão, o alho em pó, o sal e a pimenta-do-reino, misturando bem até incorporar os ingredientes. Feito isso, pegue porções da massa obtida, modele bolinhos e acomode-os no cesto da air fryer, deixando um espaço entre eles. Pincele os bolinhos com um pouco de azeite, coloque-os no cesto da air fryer e frite-os por cerca de 10 a 12 minutos, virando-os na metade do tempo para que fiquem dourados e cozidos por igual. Sirva em seguida.

Bolinho Salgado

Por Camponesa
Rendimento: 6 porções
Grau de dificuldade: Difícil
Tempo de preparo: 30 minutos

Ingredientes da Massa
✓ 3 ovos
✓ 50 g de manteiga Camponesa® derretida
✓ 140 g de amido de milho
✓ 140 ml de leite Camponesa®
✓ 110 g de farinha de trigo
✓ 5 g de fermento em pó
✓ Temperos a gosto
✓ Sal e pimenta-do-reino a gosto
✓ Manteiga Camponesa® (para untar)
✓ Farinha de trigo (para enfarinhar)

Ingredientes do Recheio
✓ 100 g de queijo muçarela Camponesa® picado
✓ 100 g de peito de peru picado
✓ 30 g de queijo parmesão ralado
✓ 1 colher (de sopa) de cebolinha

Preparo

Para preparar a massa, em um recipiente, misture todos os ingredientes até obter uma massa homogênea. Em seguida, acrescente os ingredientes do recheio, misturando bem até incorporar. Feito isso, despeje a massa em forminhas individuais untadas e enfarinhadas, e leve para assar a 180ºC por cerca de 20 a 30 minutos, ou até dourar.

Bolovo

Por Lucia Endriukaite (Nutricionista do Instituto Ovos Brasil)
Rendimento: 6 unidades
Grau de dificuldade: Fácil
Tempo de preparo: 30 minutos

Ingredientes

- 6 ovos
- Água (o necessário)
- 500 g de carne moída
- Sal e pimenta-do-reino a gosto
- Cheiro-verde a gosto
- ½ cebola picada
- 2 dentes de alho picados
- 1 colher (de sopa) de farinha de trigo
- 1 colher (de sopa) de azeite
- 2 ovos levemente batidos (para empanar)
- 1 xícara (de chá) de farinha de rosca ou farinha panko (para empanar)

Preparo

Em uma panela, coloque os ovos, cubra com água e deixe cozinhar por 10 minutos (contados após a água levantar fervura). Escorra a água, descasque os ovos e reserve para esfriar. Em um recipiente, coloque a carne moída, o sal, a pimenta, o cheiro-verde, a cebola, o alho, a farinha de trigo e o azeite, misturando bem até formar uma massa. Pegue uma boa quantidade da massa, modele em formato de disco, recheie com um ovo cozido e feche, formando uma bolinha. Repita o processo até acabarem os ingredientes. Para empanar os bolovos, passe-os no ovo batido e, depois, na farinha de rosca. Leve os bolovos para a air fryer, preaquecida a 200ºC, por cerca de 20 minutos, ou até dourar. Na metade do tempo, vire os bolinhos para dourarem por igual.

Brusqueta de Calabresa

Por Perdigão
Rendimento: 3 porções
Grau de dificuldade: Fácil
Tempo de preparo: 20 minutos

Ingredientes
- Azeite a gosto
- 6 fatias de pão italiano
- 1 gomo de linguiça calabresa Perdigão® picada
- 1 cebola média picada
- Sal e pimenta a gosto
- 100 g queijo parmesão ralado (para polvilhar)
- Folhas de manjericão (para decorar)

Preparo

Pincele azeite sobre as fatias de pão italiano e leve para a air fryer, preaquecida a 180ºC, por cerca de 3 minutos, ou até dourar. À parte, em uma frigideira, leve a calabresa para grelhar. Em outra panela, refogue a cebola e tempere-a com sal e pimenta-do-reino. Feito isso, sobre o pão italiano, faça uma camada de calabresa, cubra com a cebola e finalize com o queijo parmesão ralado. Retorne os pães para a air fryer por 3 minutos, ou até gratinar. Decore as brusquetas com o manjericão e sirva em seguida.

Cachorro-quente Assado

Por General Mills – Yoki
Rendimento: 10 porções
Grau de dificuldade: Médio
Tempo de preparo: 50 minutos

Ingredientes
- 1 e ½ xícara (de chá) de leite
- 2 ovos
- 1 xícara (de chá) de óleo
- Sal a gosto
- 1 xícara (de chá) de amido de milho Yoki®
- 2 e ½ xícaras (de chá) de farinha de trigo
- 1 colher (de sopa) de orégano Kitano®
- 1 colher (de sopa) de fermento em pó
- 1 xícara (de chá) de queijo parmesão ralado
- 2 xícaras (de chá) de queijo muçarela ralado
- 2 tomates picados
- Manteiga (para untar)
- Farinha de trigo (para enfarinhar)
- ½ lata de milho em conserva
- 3 xícaras (de chá) de salsicha picada (200 g)
- 100 g de batata palha extrafina Yoki® (para finalizar)

Preparo
Bata no liquidificador o leite, os ovos, o óleo e o sal. Acrescente o amido de milho e a farinha de trigo e bata novamente. Por último, acrescente o orégano e o fermento em pó, misture e reserve. À parte, misture o queijo parmesão ralado, a muçarela e os tomates picados. Então, em assadeira retangular untada, coloque a massa reservada. Em seguida, cubra com o milho, a salsicha e a mistura de queijos e tomate. Asse na air fryer, preaquecida a 200°C, por 10 minutos, ou até dourar. Retire da fritadeira e cubra com a batata palha extrafina.

DIVULGAÇÃO/ GENERAL MILLS – YOKI

Camarão Grelhado com Alho

Por Gaabor
Rendimento: 2 porções
Grau de dificuldade: Médio
Tempo de preparo: 1 hora

Ingredientes
- 10 camarões médios limpos
- 1 colher (de sopa) de molho de soja
- 1 colher (de sopa) de molho de ostra
- Óleo a gosto
- 1 colher (de sopa) de vinho branco
- Alho picado a gosto
- Gengibre ralado a gosto
- Sal a gosto
- Azeite (para untar)

Preparo
Em um recipiente, coloque os camarões e tempere-os com o molho de soja, o molho de ostra, o óleo, o vinho branco, o alho, o gengibre e o sal. Misture bem e reserve para marinar por 30 minutos. Feito isso, unte o cesto da air fryer com azeite, coloque os camarões por cima e grelhe-os a 180ºC por cerca de 18 minutos, virando na metade do tempo para que dourem por igual.

Camarão Rápido e Fácil

Por VigilantesdoPeso
Rendimento: 4 porções
Grau de dificuldade: Fácil
Tempo de preparo: 15 minutos

Ingredientes
- 1 colher (de sopa) de azeite
- 1 colher (de chá) de raspas de limão
- ½ colher (de chá) de pimenta-do-reino preta moída
- 1 colher (de chá) de alho amassado
- ¼ de colher (de chá) de sal
- 500 g de camarão descascado e limpo
- Azeite (para pincelar)

Preparo
Em um recipiente grande, coloque o azeite, as raspas de limão, a pimenta-do-reino, o alho e o sal. Adicione os camarões e misture bem para incorporar. Enquanto isso, preaqueça a air fryer a 200ºC. Então, pincele azeite no cesto da air fryer, acomode os camarões temperados e asse-os por cerca de 7 a 9 minutos, ou até cozinhar, virando-os na metade do tempo para dourarem por igual.

Carne Assada

Por Chef Luis Henrique Nicolette (Pomarola/Cargill)
Rendimento: 5 porções
Grau de dificuldade: Fácil
Tempo de preparo: 1 hora e 30 minutos

Ingredientes
- 1 kg de fraldinha cortada em cubos de 3 cm
- 50 g de manteiga sem sal
- 500 g de molho de tomate Pomarola® Tradicional
- 50 g de alho fatiado
- 200 g de cebola fatiada
- 1 talo de aipo picado
- 1 ramo de alecrim fresco
- 1 ramo de tomilho fresco
- Sal e pimenta-do-reino a gosto

Preparo
Coloque a fraldinha em um refratário e junte os demais ingredientes, misturando bem. Deixe marinar por 30 minutos. Feito isso, disponha a carne com os temperos no cesto da air fryer e asse a 220ºC por, aproximadamente, 40 minutos, ou até dourar.

Cheese Dog

Por Britânia
Rendimento: 4 porções
Grau de dificuldade: Fácil
Tempo de preparo: 25 minutos

Ingredientes
- 1 baguete grande
- 4 salsichas
- 300 g de queijo emmental ralado grosso

Preparo
Corte a baguete em 4 partes iguais e abra-as, cortando-as ao meio sem separar as duas partes. Então, recheie os pães com a salsicha e distribua o queijo por cima. Leve os lanches para assar na air fryer, a 200ºC, por cerca de 10 minutos, ou até que o queijo esteja completamente derretido e gratinado. Sirva em seguida.

Chips Crocantes de Abobrinha

Por Marcella Garcez (Médica nutróloga)
Rendimento: 2 a 4 porções
Grau de dificuldade: Fácil
Tempo de preparo: 25 minutos

Ingredientes

- ✓ 2 abobrinhas médias
- ✓ 2 colheres (de sopa) de azeite
- ✓ 1 colher (de chá) de sal
- ✓ ½ colher (de chá) de alho em pó (opcional)
- ✓ ½ colher (de chá) de páprica (opcional)
- ✓ Pimenta-do-reino preta a gosto

Preparo

Preaqueça a air fryer a 200ºC por cerca de 5 minutos. Lave bem as abobrinhas e corte-as em fatias bem finas. Se preferir, utilize um cortador de legumes para obter fatias uniformes. Então, em um recipiente grande, misture o azeite, o sal, o alho em pó, a páprica e a pimenta-do-reino preta. Em seguida, adicione as fatias de abobrinha e misture delicadamente até que todas as fatias estejam cobertas com o tempero. Feito isso, coloque as fatias de abobrinha no cesto da air fryer em uma única camada, certificando-se de que não estejam sobrepostas. Leve os chips para assar por cerca de 10 a 12 minutos, misturando a cada 5 minutos para garantir que fiquem dourados e crocantes. Verifique a textura dos chips de abobrinha e, se necessário, cozinhe por mais alguns minutos até atingirem a crocância desejada. Retire os chips do aparelho e deixe esfriar antes de servir.

Chips de Banana

Por Philco
Rendimento: 6 porções
Grau de dificuldade: Fácil
Tempo de preparo: 30 minutos

Ingredientes
✓ 6 bananas
✓ Suco de ½ limão
✓ Sal ou sal rosa do Himalaia a gosto

Preparo
Preaqueça a air fryer a 200ºC. Descasque e corte as bananas em fatias bem finas. Depois, regue-as com o suco de limão e misture bem. Então, acomode as rodelas de banana no cesto da air fryer, diminua a temperatura para 180ºC e deixe assar por 20 minutos, ou até dourar, virando-as a cada 10 minutos para fritarem por igual e evitar que queimem. Retire os chips do aparelho e tempere-os com o sal.

Chips de Batata-doce

Por Philco
Rendimento: 5 porções
Grau de dificuldade: Fácil
Tempo de preparo: 45 minutos

Ingredientes
✓ 5 batatas-doces grandes
✓ 1 colher (de sopa) de azeite
✓ Sal a gosto

Preparo
Preaqueça a air fryer a 200ºC. Lave, descasque e corte as batatas-doces em rodelas bem finas. Em seguida, regue-as com o azeite e misture bem. Então, acomode as batatas no cesto da air fryer, diminua a temperatura para 180ºC e deixe assar por 30 minutos, ou até dourar, mexendo a cada 10 minutos para dourarem por igual e evitar que queimem. Retire as batatas-doces do aparelho e tempere-as com sal a gosto.

Chips de Macarrão

Por Gaabor
Rendimento: 2 porções
Grau de dificuldade: Fácil
Tempo de preparo: 20 minutos

Ingredientes
✓ 250 g de penne
✓ Água fervente (o necessário)
✓ Azeite a gosto
✓ Queijo parmesão ralado a gosto
✓ Temperos de sua preferência a gosto

Preparo
Cozinhe a massa em água fervente até ficar com uma consistência um pouco mais firme. Escorra a água e coloque o macarrão em um recipiente. Em seguida, adicione o azeite, o queijo parmesão ralado e os temperos de sua preferência, e misture bem. Disponha o macarrão no cesto da air fryer e asse a 170ºC por cerca de 10 a 15 minutos, ou até dourar.

Costelinha ao Barbecue

Por Hemmer
Rendimento: 4 porções
Grau de dificuldade: Fácil
Tempo de preparo: 50 minutos

Ingredientes
✓ 1 kg de costela suína
✓ Sal a gosto
✓ Alho picado a gosto
✓ Raspas de limão-siciliano a gosto
✓ Molho barbecue Hemmer® (o necessário)

Preparo
Preaqueça a air fryer a 200ºC por 10 minutos. Enquanto isso, tempere a costela com o sal, o alho e as raspas de limão. Disponha a carne em uma assadeira e pincele-a com o molho barbecue. Então, leve a costelinha para assar na air fryer por 25 minutos, virando-a na metade do tempo para todos os lados cozinharem por igual. Se necessário, deixe mais alguns minutos até dourar.

Costela Suína com Molho Asiático

Por Perdigão
Rendimento: 5 porções
Grau de dificuldade: Médio
Tempo de preparo: 2 horas

Ingredientes
- 1 costela suína Perdigão® Na Brasa (aproximadamente 1 kg)
- Sal a gosto
- 1 colher (de sopa) de alho em pó
- 1 colher (de sopa) de páprica
- Pimenta-do-reino a gosto
- 100 ml molho de soja
- 4 colheres (de sopa) de catchup
- 60 ml de vinagre de maçã
- 1 colher (de sopa) de óleo de gergelim
- Gergelim a gosto (para polvilhar)
- Cebolinha picada a gosto (para polvilhar)

Preparo
Corte a costela em ripas menores e tempere com o sal, o alho em pó, a páprica e a pimenta-do-reino. Leve à geladeira e deixe marinar por 30 minutos. Feito isso, preaqueça a air fryer a 200ºC por 5 minutos. Então, acomode as ripas da costela no cesto da fritadeira e asse por cerca de 20 minutos, ou até dourar, mexendo na metade do tempo para dourar por igual. À parte, em um recipiente, misture o molho de soja, o catchup, o vinagre de maçã e o óleo de gergelim. Quando a costela estiver assada, distribua o molho por cima e retorne a carne para a air fryer por mais 5 minutos. Polvilhe o gergelim e a cebolinha picada antes de servir.

Costelinha de Milho

Por Jucenha (Para Multi)
Rendimento: 3 porções
Grau de dificuldade: Fácil
Tempo de preparo: 25 minutos

Ingredientes
- 3 espigas de milho
- Azeite a gosto
- Sal e pimenta-do-reino a gosto
- Salsinha, páprica e alho desidratado a gosto
- Molho de sua preferência (para servir)

Preparo
Corte as espigas de milho ao meio e besunte-as com o azeite misturado com o sal, a pimenta-do-reino, a salsinha, a páprica e o alho desidratado. Em seguida, acomode as espigas de milho no cesto da air fryer e leve-as para assar na fritadeira, a 180ºC, por cerca de 15 minutos, ou até que fiquem assadas e douradas. Sirva com o molho de sua preferência.

Couve-flor com Queijo

Por Gaabor
Rendimento: 2 porções
Grau de dificuldade: Fácil
Tempo de preparo: 16 minutos

Ingredientes
- ✓ 1 maço médio de couve-flor
- ✓ Manteiga derretida a gosto
- ✓ Sal a gosto
- ✓ Pimenta-do-reino a gosto
- ✓ Queijo parmesão ralado a gosto

Preparo
Preaqueça a air fryer por 5 minutos a 200ºC. Enquanto isso, separe os floretes da couve-flor e coloque-os em um refratário. Em seguida, adicione a manteiga derretida, o sal e a pimenta-do-reino e misture. Por último, acrescente o queijo parmesão ralado e misture novamente. Feito isso, acomode a couve-flor no cesto da air fryer e asse por cerca de 15 minutos, mexendo na metade do tempo para dourar de todos os lados. Retire da fritadeira e sirva.

Coxa de Frango

Por Hemmer
Rendimento: 4 porções
Grau de dificuldade: Fácil
Tempo de preparo: 40 minutos

Ingredientes

✓ 500 g de coxas de frango
✓ Suco de 1 limão
✓ 1 dente de alho picado
✓ 2 colheres (de sopa) de molho de soja Hemmer®
✓ 1 colher (de sopa) de azeite Hemmer®
✓ 1 colher (de sopa) de mostarda Hemmer®
✓ 2 colheres (de sopa) de maionese Hemmer®
✓ 1 colher (de sopa) de salsa desidratada
✓ Sal a gosto
✓ Pimenta-do-reino a gosto

Preparo

Em um recipiente, coloque as coxas de frango e tempere-as com o suco de limão, o alho, o molho de soja, o azeite, a mostarda, a maionese, a salsa desidratada, o sal e a pimenta-do-reino. Misture bem para o tempero incorporar, e deixe marinar por 20 minutos. Preaqueça a air fryer a 200ºC por 5 minutos. Feito isso, coloque as coxas de frango no cesto do aparelho e leve para fritar por 10 minutos. Vire as coxas para dourarem por completo e retorne-as à fritadeira por mais 10 minutos, ou até ficarem sequinhas e bem douradas.

Coxa de Frango Crocante

Por Gaabor
Rendimento: 3 porções
Grau de dificuldade: Médio
Tempo de preparo: 30 minutos

Ingredientes

✓ 6 coxas de frango
✓ Sal a gosto
✓ Molho de soja a gosto
✓ Gengibre ralado a gosto
✓ Temperos de sua preferência a gosto
✓ 2 ovos levemente batidos (para empanar)
✓ Farinha de rosca (para empanar)

Preparo

Prepare a coxa de frango, cortando um círculo ao redor da "base" com o auxílio de uma faca e virando a carne de dentro para fora. Feito isso, tempere o frango com o sal, o molho de soja, o gengibre e o temperos de sua preferência, e deixe marinar por 10 minutos. Em seguida, passe as coxas de frango nos ovos batidos e na farinha de rosca. Acomode-as no cesto da air fryer e leve para assar a 200ºC por 15 minutos, ou até dourar.

Coxa e Sobrecoxa Desossada Recheada com Queijo Coalho

Por Perdigão
Rendimento: 4 porções
Grau de dificuldade: Fácil
Tempo de preparo: 40 minutos

Ingredientes

- 200 g de bacon picado
- 300 g de farinha de milho
- 4 ovos cozidos
- Salsinha e cebolinha a gosto
- 1 pacote de coxa e sobrecoxa desossada com mostarda e shoyu Perdigão® Na Brasa (aproximadamente 800 g)
- 1 pacote de queijo coalho Perdigão® Na Brasa (aproximadamente 290 g)

Preparo

Para fazer a farofa, frite o bacon na frigideira. Em seguida, adicione a farinha de milho, os ovos cozidos, a salsinha e a cebolinha, e misture bem. Reserve. Para preparar o frango, recheie as coxas e as sobrecoxas com o queijo coalho. Se preferir, utilize um barbante para ajudar a fechar o frango. Feito isso, acomode o preparo no cesto da air fryer, preaquecida a 180ºC, e leve para assar por cerca de 20 minutos, ou até que o frango fique bem dourado e o queijo derreta. Sirva em seguida, com a farofa.

Crepioca

Por Gaabor
Rendimento: 1 porção
Grau de dificuldade: Fácil
Tempo de preparo: 10 minutos

Ingredientes
✓ 2 colheres (de sopa) de farinha de tapioca
✓ 2 ovos
✓ Sal a gosto

Preparo
Em uma xícara, misture bem a farinha de tapioca, os ovos e o sal. Distribua o preparo em forminhas de silicone e leve para assar na air fryer, a 180ºC, por cerca de 8 minutos, ou até dourar por fora.

Crispy de Couve

Por Chef Marina Linberger
Rendimento: 4 porções
Grau de dificuldade: Fácil
Tempo de preparo: 15 minutos

Ingredientes
✓ 1 maço de couve picada grosseiramente
✓ 1 pitada de sal
✓ 2 colheres (de sopa) de azeite

Preparo
Tempere a couve com o sal e o azeite. Feito isso, disponha uma camada fina de couve no fundo do cesto da air fryer e leve para assar a 200ºC por cerca de 5 minutos, ou até a couve secar e ficar crocante. Repita o processo até finalizar os ingredientes. Sirva em seguida.

Croquete de Batata

Por Receitas Nestlé
Rendimento: 12 unidades
Grau de dificuldade: fácil
Tempo de preparo: 30 minutos

Ingredientes

✓ 2 batatas médias sem casca, cozidas e amassadas
✓ 1 gema
✓ 5 colheres (de sopa) de queijo parmesão ralado
✓ 2 colheres (de sopa) de farinha de trigo
✓ 2 colheres (de sopa) de cebolinha picada
✓ 1 colher (de sopa) de Maggi® Fondor
✓ 1 pitada de noz-moscada
✓ ½ colher (de chá) de farinha de rosca

Preparo

Em um recipiente, misture bem as batatas amassadas, a gema, o queijo parmesão ralado, a farinha de trigo, a cebolinha, o Maggi® Fondor e a noz-moscada. Enquanto isso, preaqueça a air fryer a 160ºC. Então, modele 12 croquetes com a massa e passe-os na farinha de rosca, cobrindo-os completamente. Coloque 6 croquetes no cesto da fritadeira, ajuste o timer para 10 minutos e deixe assar até que estejam dourados e crocantes. Repita o processo com os demais croquetes. Sirva em seguida.

Veja esta e outras receitas em:
www.receitasnestle.com.br

Croquete de Carne de Panela com Batata Palha

Por General Mills – Yoki
Rendimento: 3 porções
Grau de dificuldade: Fácil
Tempo de preparo: 30 minutos

Ingredientes

- 2 colheres (de sopa) de azeite
- 500 g de carne de paleta sem osso cortada em cubos
- 1 cebola cortada em cubos
- 3 dentes de alho
- Sal a gosto
- Pimenta-do-reino Kitano® a gosto
- ½ xícara (de chá) de vinho tinto seco
- 2 colheres (de sopa) de extrato de tomate
- 1 e ¾ xícara (de chá) de caldo de carne
- 1 colher (de sopa) salsa desidratada Kitano®
- 3 colheres (de sopa) de farinha de trigo
- 1 xícara (de chá) de leite
- 2 ovos batidos (para empanar)
- 100 g de batata palha Yoki® (para empanar)

Preparo

Em uma panela, aqueça o azeite e frite a carne. Depois, refogue a cebola e o alho. Tempere com sal e a pimenta-do-reino, adicione o vinho e cozinhe até o álcool evaporar. Acrescente o extrato de tomate e o caldo de carne, tampe a panela e deixe cozinhar até a carne ficar bem macia. Quando estiver secando o caldo, acrescente a salsa. À parte, dissolva a farinha de trigo no leite e despeje na panela. Deixe no fogo até ficar com um caldo consistente e reserve para esfriar. Feito isso, modele os croquetes, passe-os pelo ovo batido e, depois, pela batata palha. Leve-os para assar na air fryer, preaquecida a 200ºC, por cerca de 10 minutos, ou até dourar.

Dadinho de Tapioca com Geleia de Pimenta

Por Receitas Mondial
Rendimento: 6 porções
Grau de dificuldade: Médio
Tempo de preparo: 30 minutos

Ingredientes do Dadinho
- 250 g de queijo coalho
- 250 g de tapioca granulada
- 500 ml de leite
- Sal e pimenta-do-reino branca

Ingredientes da Geleia de Pimenta
- 2 pimentas dedo-de-moça
- 2 maçãs sem casca e sem sementes
- ½ xícara (de chá) de água
- 1 dente de alho
- 1 xícara (de chá) de açúcar
- 1 colher (de sopa) de vinagre branco

Preparo
Retire o queijo coalho do palito e bata no processador. Depois de ralado, despeje em um recipiente grande, junte a tapioca granulada e misture. À parte, leve ao fogo o leite com o sal e a pimenta-do-reino. Quando ferver, desligue o fogo e despeje o leite no recipiente com a tapioca, misturando bem. Feito isso, coloque a massa em uma travessa forrada com plástico-filme, cubra com plástico-filme e leve à geladeira por 4 horas. Feito isso, retire o plástico-filme, corte o preparo em cubos e leve-os para assar na air fryer, a 180ºC, por cerca de 10 minutos. Para preparar a geleia, corte as pimentas ao meio e retire as sementes. Em seguida, bata a pimenta no liquidificador com as maçãs, a água e o alho até formar uma mistura homogênea. Despeje o conteúdo em uma panela, adicione o açúcar e o vinagre, e misture bem. Diminua o fogo e mexa sempre até engrossar e obter consistência de geleia. Por fim, sirva os dadinhos de tapioca com a geleia.

Dadinho de Tapioca com Goiabada e Queijo

Por Arno
Rendimento: 4 porções
Grau de dificuldade: Fácil
Tempo de preparo: 40 minutos

Ingredientes do Dadinho
- 500 ml de leite
- 300 g de tapioca granulada
- Sal e pimenta-do-reino branca
- 250 g de queijo coalho ralado
- Azeite a gosto

Ingredientes do Molho de Goiabada
- 2 colheres (de sopa) de cebola roxa
- 1 colher (de chá) de pimenta dedo-de-moça picada
- 2 colheres (de sopa) de azeite
- 1 xícara (de chá) de goiabada cremosa
- 3 colheres (de sopa) de vinagre balsâmico

Ingredientes do Molho de Queijo
- ½ xícara (de chá) de queijo roquefort picado
- 1 xícara (de chá) de creme de leite fresco

Preparo
Para fazer o dadinho, em uma panela, aqueça o leite até começar a ferver. Junte a tapioca granulada ao leite e misture para hidratar. Tempere com sal e pimenta-do-reino. Em seguida, adicione o queijo coalho ralado e mexa bem. Então, coloque a massa em uma forma, cubra com um plástico-filme e leve à geladeira por 3 a 4 horas. Feito isso, retire o preparo da geladeira, corte em cubinhos e besunte-os com azeite. Acomode os dadinhos no cesto da air fryer e leve-os para assar, a 180ºC, por cerca de 15 minutos. Vire-os na metade do tempo para dourarem por igual. Enquanto isso, faça o molho de goiabada. Para isso, refogue a cebola roxa e a pimenta dedo-de-moça no azeite. Junte a goiabada e o vinagre balsâmico, e misture até começar a cozinhar. Deixe por 3 minutos e desligue. Para fazer o molho de queijo, leve o queijo e o creme de leite ao fogo até derreter completamente. Por fim, retire os dadinhos de tapioca da air fryer e sirva-os com os molhos de goiabada e de queijo.

Dadinho de Tapioca Fácil

Por Fernanda Mangabeira (Nutricionista do Vera Cruz Hospital)
Rendimento: 6 porções
Grau de dificuldade: Fácil
Tempo de preparo: 40 minutos

Ingredientes
- 1 litro de leite fervente
- 500 g de farinha de tapioca granulada
- 700 g de queijo coalho ralado
- Manjericão picado a gosto
- Sal e pimenta-do-reino a gosto
- Geleia de sua preferência (para servir)

Preparo
Em uma panela, coloque o leite fervente e junte a farinha de tapioca granulada, o queijo coalho ralado, o manjericão, o sal e a pimenta-do-reino. Leve ao fogo médio e mexa sempre até desprender do fundo da panela. Despeje o preparo em uma assadeira forrada com plástico-filme, alise com uma colher, cubra com plástico-filme e leve à geladeira por 24 horas. Feito isso, corte a massa em pequenos cubos e leve-os para fritar na air fryer, a 100ºC, por cerca de 20 minutos, ou até dourar, mas sem deixar ressecar. Sirva com a geleia de sua preferência.

Dadinho de Tapioca Fácil
página 52

Empada de Pernil com Barbecue

Por Hemmer
Rendimento: 6 porções
Grau de dificuldade: Fácil
Tempo de preparo: 40 minutos

Ingredientes
- 500 g de pernil suíno temperado e assado
- 150 g de molho barbecue Hemmer®
- 300 g de farinha de trigo
- 100 g de manteiga com sal derretida
- 1 ovo

Preparo
Fatie o pernil e misture com o molho barbecue. Reserve. À parte, misture a farinha de trigo com a manteiga derretida até incorporar. Junte o ovo e amasse até formar uma massa homogênea. Feito isso, distribua metade da massa em forminhas de silicone próprias para empada, recheie com o pernil e cubra com o restante da massa. Disponha as forminhas no cesto da air fryer e leve-as para assar a 200°C por cerca de 15 minutos, ou até dourar.

Empanada de Linguiça

Por Receitas Nestlé
Rendimento: 12 unidades
Grau de dificuldade: fácil
Tempo de preparo: 30 minutos

Ingredientes
- 2 colheres (de sopa) de azeite
- 3 gomos de linguiça calabresa cortada em cubos pequenos
- 1 cebola pequena picada
- 3 colheres (de sopa) de pimentão vermelho cortado em cubos
- 1 colher (de chá) de Maggi® Fondor
- 2 colheres (de sopa) de salsinha picada
- 200 g de massa pronta para pastel

Preparo
Em uma frigideira, em fogo baixo, aqueça o azeite e refogue a linguiça, a cebola e o pimentão por cerca de 3 minutos, ou até que o pimentão fique macio. Retire do fogo e misture o Maggi® Fondor e a salsinha. Reserve. Preaqueça a air fryer a 200°C. Enquanto isso, com o auxílio de um copo, corte a massa de pastel em 12 círculos de aproximadamente 5 cm de diâmetro. Então, coloque uma colher do recheio de linguiça no centro de cada massa e modele as empanadas, fechando bem as bordas e pressionando-as com um garfo ou com os dedos. Coloque metade das empanadas no cesto da air fryer, ajuste o timer para 10 a 12 minutos, e deixe assar até que estejam douradas e macias. Repita o processo com as demais empanadas. Sirva quente.

Veja esta e outras receitas em: www.receitasnestle.com.br

Divulgação/ Receitas Nestlé

Empanado de Frango com Batata Palha

Por General Mills – Yoki
Rendimento: 3 porções
Grau de dificuldade: Fácil
Tempo de preparo: 55 minutos

Ingredientes
✓ 300 g de filé de frango cortado em tiras
✓ Suco de 1 limão espremido
✓ ½ cebola ralada
✓ 3 dentes de alho
✓ 1 colher (de sopa) de orégano Kitano®
✓ 1 colher (de chá) de pimenta-do-reino Kitano®
✓ Sal a gosto
✓ 1 e ½ xícara (de chá) de farinha de trigo (para empanar)
✓ 3 ovos levemente batidos (para empanar)
✓ 1 e ½ xícara (chá) de batata palha Yoki® Tradicional triturada (para empanar)
✓ Molhos de sua preferência (para servir)

Preparo
Em um recipiente, tempere o frango com o suco de limão, a cebola, o alho, o orégano, a pimenta-do-reino e o sal. Reserve por alguns minutos para marinar. Feito isso, passe o frango na farinha de trigo, nos ovos batidos e, por último, na batata palha triturada. Acomode os empanados no cesto da air fryer e leve para fritar, no aparelho preaquecido, a 190ºC, por cerca de 20 minutos ou até dourar, virando-os na metade do tempo para dourarem por igual. Sirva com os molhos de sua preferência.

Enroladinho de Salsicha

Por Gaabor
Rendimento: 32 unidades pequenas
Grau de dificuldade: Difícil
Tempo de preparo: 1 hora

Ingredientes

- 10 g de fermento biológico seco
- ½ xícara (de chá) de leite morno
- 1 ovo
- 1 colher (de chá) de sal
- 3 colheres (de sopa) de margarina
- 3 xícaras (de chá) de farinha de trigo
- 16 salsichas cortadas ao meio
- 200 g de queijo muçarela
- 1 gema (para pincelar)

Preparo

Em um recipiente, dissolva o fermento biológico no leite morno e junte o ovo, o sal, a margarina e a farinha de trigo até obter uma massa homogênea. Cubra com um pano de prato úmido e reserve para descansar por 30 minutos. Feito isso, sove a massa por 5 minutos e modele bolinhas do tamanho de uma noz. Em seguida, abra as bolinhas, formando discos, recheie com metade da salsicha com queijo e enrole como rocambole. Depois, pincele e a gema na superfície dos enroladinhos e acomode-os no cesto da air fryer forrado com papel-manteiga. Leve-os para assar a 200ºC por cerca de 20 minutos, ou até dourar.

Escondidinho de Linguiça Calabresa

Por Perdigão
Rendimento: 5 porções
Grau de dificuldade: Fácil
Tempo de preparo: 40 minutos

Ingredientes do Purê

- 500 g de mandioca sem casca e limpa
- Água (o necessário)
- Sal a gosto
- 100 ml de creme de leite fresco
- 50 g de queijo parmesão ralado (para polvilhar)

Ingredientes do Recheio

- Azeite a gosto
- 1 gomo de linguiça calabresa Perdigão® cortado em cubos pequenos
- 1 tomate picado em cubos pequenos
- Sal a gosto
- Salsinha e cebolinha a gosto
- 100 g de requeijão cremoso
- ½ pimenta dedo-de-moça picada

Preparo

Para fazer o purê, leve ao fogo a mandioca, a água e o sal, e deixe cozinhar por 30 minutos, ou até a mandioca ficar macia. Retire a panela do fogo, escorra a água e amasse a mandioca ainda quente. Em seguida, misture o creme de leite com a mandioca e reserve. À parte, aqueça uma frigideira e acrescente o azeite. Depois, refogue a calabresa por cerca de 8 minutos. Adicione os tomates e deixe por mais 4 minutos. Então, junte o sal, a salsinha e a cebolinha. Retire do fogo, junte o requeijão cremoso e a pimenta dedo-de-moça. No cesto da air fryer, coloque metade do purê de mandioca, cubra com o recheio de calabresa e finalize com o restante do purê de mandioca. Polvilhe o queijo parmesão ralado e asse o escondidinho na air fryer, preaquecida a 200°C, por cerca de 15 minutos, ou até dourar o queijo. Sirva quente.

Espetinho de Carne

Por Philco
Rendimento: 5 unidades
Grau de dificuldade: Fácil
Tempo de preparo: 30 minutos

Ingredientes

✓ 350 g de carne moída
✓ 1 pitada de sal
✓ 2 dentes de alho picados
✓ 1 colher (de chá) de pimenta-do-reino

Preparo

Tempere a carne moída com o sal, o alho e a pimenta-do-reino, misturando bem. Reserve na geladeira por, no mínimo, 3 horas. Feito isso, preaqueça a air fryer a 200ºC por 5 minutos. Então, modele bolinhas de aproximadamente 90 g com a carne, acomode-as em espetos de madeira e pressione-as com as mãos, dando o formato desejado. Por fim, disponha os espetos no cesto da air fryer, deixando um espaço entre eles, e asse-os por cerca de 20 minutos, ou até obter o ponto da carne desejado.

Falafel

Por Jucenha (Para Multi)
Rendimento: 14 unidades
Grau de dificuldade: Médio
Tempo de preparo: 1 hora

Ingredientes
- 1 xícara (de chá) de grão-de-bico
- Água (o necessário)
- ½ cebola
- 2 dentes de alho
- 1 maço de salsinha
- 1 maço de coentro
- Sal a gosto
- Páprica, cominho e pimenta-do-reino a gosto
- 1 colher (de sopa) de azeite
- 2 colheres (de sopa) de amido de milho ou farinha de sua preferência (para modelar)
- ½ colher (de chá) de bicarbonato de sódio
- Azeite (para pincelar)
- Molho de sua preferência (para servir)

Preparo
Deixe o grão-de-bico de molho na água por 24 horas, ou até ficar macio. Escorra a água e seque os grãos com um pano. Em seguida, no processador, bata a cebola, o alho, a salsinha, o coentro, o sal, a páprica, o cominho, a pimenta-do-reino e o azeite. Depois, adicione o grão-de-bico e processe até triturar, mas sem deixar pastoso. Coloque a mistura do processador em um recipiente, acrescente o amido de milho e o bicarbonato de sódio, e misture bem. Então, modele as bolinhas, acomode-as no cesto da air fryer pincelado com azeite, e leve-as para assar no aparelho, preaquecido a 180°C, por cerca de 20 minutos, ou até dourar e ficar crocante. Sirva com o molho de sua preferência.

Filé de Frango ao Molho de Tomate

Por Sadia
Rendimento: 2 porções
Grau de dificuldade: Fácil
Tempo de preparo: 45 minutos

Ingredientes do Molho de Tomate
- 2 colheres (de sopa) de azeite
- 1 cebola picada
- 2 dentes de alho picados
- 4 tomates picados
- Sal a gosto
- Pimenta-do-reino a gosto
- 1 ramo de alecrim
- 1 ramo de tomilho

Ingredientes dos Legumes
- ½ xícara (de chá) de brócolis
- 2 cebolas cortadas em 4 partes
- 5 tomates-cereja
- 2 fatias de abóbora
- 1 batata-inglesa fatiada
- ¼ de xícara (de chá) de azeite
- Sal a gosto
- Pimenta-do-reino moída a gosto
- 1 ramo de tomilho
- 1 ramo de alecrim
- 1 ramo de orégano fresco

Ingredientes do Filé de Frango
- 500 g de filé de frango Sadia® Bio
- Sal a gosto
- Pimenta-do-reino a gosto
- 2 colheres (de sopa) de molho inglês
- 1 colher (de sopa) de páprica defumada
- 2 colheres (de sopa) de manteiga
- 1 colher (de sopa) de salsinha picada
- 200 g de queijo muçarela Soltíssimo Sadia®

Preparo

Para fazer o molho de tomate, leve ao fogo baixo o azeite, a cebola picada e o alho. Refogue um pouco, acrescente os tomates picados, o sal e a pimenta-do-reino, e cozinhe por 5 minutos. Adicione o alecrim e o tomilho e desligue o fogo. Reserve. Para preparar os legumes, preaqueça a air fryer a 200ºC por 5 minutos. Então, disponha todos os legumes no cesto da fritadeira, regue-os com o azeite e tempere-os o com sal, a pimenta-do-reino, o tomilho, o alecrim e o orégano. Leve para assar na air fryer, a 180ºC, por cerca de 15 minutos. Enquanto isso, tempere os filés de frango com o sal, a pimenta-do-reino, o molho inglês e a páprica defumada. Em seguida, em uma panela, coloque a manteiga, leve ao fogo baixo para derreter e frite os filés de frango temperados por 5 minutos de cada lado, ou até dourar. Então, acrescente o molho de tomate e cozinhe por 4 minutos. Adicione a salsinha, cubra os filés com a muçarela e tampe a panela para o queijo derreter. Sirva o filé de frango com os legumes assados.

Filé de Frango à Parmegiana

Por Hemmer
Rendimento: 4 porções
Grau de dificuldade: Fácil
Tempo de preparo: 1 hora

Ingredientes do Frango
- 500 g de filé de frango
- 2 dentes de alho bem picados
- Suco de 1 limão
- Ervas finas a gosto
- Sal a gosto
- 1 xícara (de chá) de maionese Hemmer® (para empanar)
- 2 xícaras (de chá) de farinha de rosca (para empanar)
- 1 colher (de sopa) de azeite Hemmer® (para untar)
- 250 g de queijo muçarela cortado em fatias

Ingredientes do Molho
- 3 colheres (de sopa) de azeite Hemmer®
- 1 cebola picada
- 1 dente de alho picado
- 3 tomates picados
- 300 g de molho de tomate Hemmer®
- ½ xícara (de chá) de água
- 1 colher (de sopa) de molho pesto Hemmer®
- Manjericão fresco a gosto
- Orégano a gosto

Preparo
Em um recipiente, tempere os filés de frango com o alho, o suco de limão, as ervas finas e o sal a gosto. Reserve na geladeira para marinar por 30 minutos. Enquanto isso, prepare o molho. Em uma panela pequena, aqueça o azeite e refogue a cebola e o alho. Quando começar a dourar, acrescente os tomates, o molho de tomate e a água. Deixe cozinhar em fogo baixo por cerca de 3 a 5 minutos, ou até engrossar levemente. Desligue o fogo e acrescente o molho pesto, o manjericão e o orégano a gosto. Reserve. Em seguida, retire os filés de frango da geladeira e passe-os pela maionese e pela farinha de rosca. Então, unte o cesto da air fryer com o azeite, acomode os filés empanados e deixe assar, a 180ºC, por cerca de 15 a 20 minutos, ou até dourar bem. Retire e deixe descansar sobre papel-toalha. Em seguida, coloque os filés de frango empanados em um refratário, cubra-os com as fatias de muçarela e distribua o molho de tomate por cima. Por fim, retorne-os para a air fryer por cerca de 2 minutos, ou até derreter o queijo.

Filé de Peixe Branco com Calda de Laranja

Por NutriU/Philips Walita
Rendimento: 2 porções
Grau de dificuldade: Fácil
Tempo de preparo: 12 minutos

Ingredientes
- 1 laranja
- 100 ml de suco de laranja
- 2 colheres (de sopa) de mel
- 3 colheres (de sopa) de molho de soja
- 2 filés de dourado

Preparo
Corte a laranja em cerca de 4 fatias finas. À parte, misture o suco de laranja com o mel e o molho de soja, e leve ao fogo médio para reduzir pela metade. Feito isso, distribua as fatias de laranja no cesto da air fryer e acomode os filés de peixe sobre elas. Então, pincele os filés de peixe com a calda de laranja e leve-os para assar na air fryer, a 180ºC, por cerca de 12 minutos ou até dourar, regando-os novamente com a calda na metade do tempo do cozimento. Sirva em seguida.

Fraldinha na Manteiga com Alho

Por Philco
Rendimento: 5 porções
Grau de dificuldade: Fácil
Tempo de preparo: 50 minutos

Ingredientes
- Manteiga a gosto
- Alho picado a gosto
- Pimenta-do-reino a gosto
- Sal a gosto
- 1 peça de fraldinha (aproximadamente 1 kg)

Preparo
Misture a manteiga, o alho, a pimenta-do-reino e o sal até formar uma pasta. Em seguida, passe a mistura por toda a carne, cobrindo-a por completo. Cubra com plástico-filme e leve à geladeira para descansar por 3 horas. Feito isso, preaqueça a air fryer a 220ºC por 3 minutos. Então, coloque a carne no espeto que acompanha a air fryer e leve-a para assar por, aproximadamente, 40 minutos, ou até obter o ponto desejado. Depois desse tempo, regue 1 colher (de sopa) de manteiga derretida sobre a peça de carne e deixe por mais 10 minutos para dourar.

Dica: Se preferir, enrole a carne com um barbante para uso culinário, para que ela fique "apertada". Ao juntar as fibras da carne, ela mantém a suculência.

Frango a Passarinho

Por Philco
Rendimento: 4 porções
Grau de dificuldade: Médio
Tempo de preparo: 45 minutos

Ingredientes
- 12 dentes de alho
- Sal a gosto
- Azeite a gosto
- 500 g de frango a passarinho com pele
- Óleo (para fritar o alho)
- Salsinha (para polvilhar)

Preparo
Em um recipiente, amasse metade do alho com o sal até adquirir a consistência de pasta. Adicione o azeite e, com o auxílio de um garfo, misture até emulsificar e formar um creme. Feito isso, espalhe generosamente a pasta obtida pelos pedaços do frango e deixe marinar na geladeira por, pelo menos, 2 horas. Preaqueça a air fryer por 5 minutos a 200ºC. Então, coloque os frangos no cesto da fritadeira e leve-os para assar por 25 minutos, ou até dourarem. Enquanto isso, corte o restante do alho em lâminas. Coloque-os em uma frigideira com um pouco de óleo quente e frite até dourar. Por fim, retire o frango da air fryer, disponha em um refratário e polvilhe o alho frito e a salsinha picada. Sirva em seguida.

Frango Assado Recheado com Farofa

Por Philco
Rendimento: 4 porções
Grau de dificuldade: Difícil
Tempo de preparo: 3 horas

Ingredientes do Frango

- 2 dentes de alho ralados
- ½ cebola ralada
- 1 colher (de chá) de sal
- 1 colher (de café) de pimenta-do-reino
- Suco de 1 limão
- 1 xícara (de chá) de vinho branco seco
- 1 frango inteiro e limpo (aproximadamente 800 g)

Ingredientes da Farofa

- 1 colher (de sopa) de manteiga
- ½ cebola picada
- 50 g de bacon picado
- 1 xícara (de chá) de farinha de milho amarela em flocos
- 1 ovo cozido e picado
- 1 colher (de sopa) de cebolinha picada
- 1 xícara (de chá) de uva-passa e damasco seco picados

Preparo

Em um recipiente, misture o alho, a cebola, o sal, a pimenta-do-reino, o suco de limão e o vinho branco. Besunte o frango, tanto a parte de dentro como a de fora, com o tempero obtido. Leve à geladeira e deixe marinar, por, pelo menos, 2 horas. Para preparar a farofa, em uma panela, aqueça a manteiga, doure a cebola e o bacon. Junte a farinha de milho, o ovo, a cebolinha, a uva-passa e o damasco, misturando bem. Retire o frango da geladeira e recheie-o com a farofa. Então, feche o frango com um barbante para uso culinário, coloque-o no espeto que acompanha a air fryer e regue-o com parte do tempero da marinada. Asse o frango na air fryer, a 180ºC, por cerca de 30 minutos, regando-o com o tempero a cada 10 minutos. Após esse tempo, aumente a temperatura para 200ºC e deixe até tostar o frango. Retire o frango do aparelho e sirva em seguida.

Frango Grelhado com Molho de Mostarda

Por Hemmer
Rendimento: 6 porções
Grau de dificuldade: Fácil
Tempo de preparo: 45 minutos

Ingredientes do Frango
- 6 filés de peito de frango
- 2 dentes de alho picados
- 1 colher (de sopa) de mostarda Hemmer®
- Sal a gosto
- 1 colher (de sopa) de azeite Hemmer®

Ingredientes do Molho de Mostarda
- 1 colher (de sopa) de azeite Hemmer®
- 2 colheres (de sopa) de manteiga com sal
- 1 xícara (de chá) de mostarda Hemmer®
- 2 colheres (de sopa) de mel
- Sal a gosto
- 1 colher (de sopa) de creme de leite

Preparo
Tempere o frango com o alho, a mostarda e o sal. Em seguida, pincele o azeite no cesto da air fryer e leve os filés para fritar, a 180°C, por cerca de 15 a 20 minutos, ou até dourar bem. Enquanto isso, faça o molho. Para isso, em uma panela, aqueça o azeite e a manteiga em fogo médio. Junte a mostarda, o mel e o sal, e cozinhe por 3 minutos. Retire do fogo e misture o creme de leite. Sirva os filés de frango com o molho de mostarda.

Frango Supercrocante com Aveia

Por Quaker®
Rendimento: 6 porções
Grau de dificuldade: Fácil
Tempo de preparo: 30 minutos

Ingredientes do Frango
- 2 peitos de frango (aproximadamente 500 g cada) cortados em cubos de 3 cm
- Sal, pimenta-do-reino e azeite a gosto
- 1 colher (de sopa) de páprica doce ou defumada
- 3 ovos
- 2 colheres (de sopa) de salsa picada
- 1 colher (de sopa) de alho em pó
- 300 g de aveia em flocos finos Quaker®
- 100 g de gergelim preto

Ingredientes da Salada
- 1 maço de alface-americana
- 1 xícara (de chá) de tomate-cereja cortado em 4 partes
- Sal, pimenta-do-reino e azeite a gosto

Preparo
Tempere o frango com o sal, a pimenta-do-reino, o azeite e a páprica de sua preferência. Reserve. À parte, bata os ovos com a salsa picada, o alho em pó, o sal e a pimenta-do-reino. Reserve. Em outro recipiente, misture a aveia em flocos finos com o gergelim preto. Feito isso, passe os pedaços de frango nos ovos batidos e, depois, na mistura da aveia, empanando-os. Acomode parte dos cubos do frango no fundo do cesto da air fryer e asse a 200°C por cerca de 15 minutos, ou até dourar e ficar crocante. Repita o processo com os demais cubos de frango. Por fim, distribua os frangos em um prato e sirva-os com a salada de alface-americana e tomate-cereja temperada com sal, pimenta-do-reino e azeite a gosto.

Frango Supercrocante com Aveia
página 64

Galeto com Tomilho

Por Marcella Garcez (Médica nutróloga)
Rendimento: 2 a 4 porções
Grau de dificuldade: Fácil
Tempo de preparo: 45 minutos

Ingredientes

✓ 2 galetos inteiros (aproximadamente 500 g cada)
✓ 2 colheres (de sopa) de azeite
✓ 2 colheres (de chá) de tomilho fresco picado ou 1 colher (de chá) de tomilho seco
✓ Sal a gosto
✓ Pimenta-do-reino a gosto

Preparo

Preaqueça a air fryer a 180ºC por cerca de 5 minutos. Em um recipiente pequeno, misture o azeite, o tomilho, o sal e a pimenta-do-reino. Pincele os galetos com o tempero, cobrindo todos os lados. Então, coloque os galetos no cesto da air fryer, com a pele virada para cima, e leve-os para assar por cerca de 25 a 30 minutos, ou até que estejam dourados e cozidos por completo. Sirva em seguida.

Dica: Verifique a temperatura interna dos galetos com um termômetro de cozinha para garantir que estejam completamente cozidos. A temperatura interna deve atingir pelo menos 74°C.

Hambúrguer de Carne Bovina Grelhado

Por NutriU/Philips Walita
Rendimento: 6 unidades
Grau de dificuldade: Fácil
Tempo de preparo: 12 minutos

Ingredientes
- 1 kg de carne moída
- 90 g de farinha de rosca
- 1 cebola picada
- 3 dentes de alho picados
- 3 pitadas de páprica em pó
- 3 pitadas de sal
- 3 pitadas de pimenta-do-reino
- 6 pães de hambúrguer
- 30 g de catchup
- 12 folhas de alface
- 6 fatias de queijo cheddar
- 3 tomates cortados em rodelas
- 2 cebolas cortadas em rodelas

Preparo
Em um recipiente, misture a carne moída e a farinha de rosca. Depois, adicione a cebola, o alho, a páprica, o sal e a pimenta-do-reino. Feito isso, modele seis hambúrgueres e coloque-os no cesto da air fryer. Leve-os para assar a 200ºC por cerca de 10 minutos. Retire do aparelho. Em seguida, coloque os pães de hambúrguer na air fryer e asse a 200ºC por 2 minutos. Depois, corte-os ao meio, espalhe um pouco de catchup e coloque as folhas de alface rasgadas com as mãos. Sobreponha o hambúrguer grelhado, cubra com uma fatia de queijo cheddar e disponha o tomate e as rodelas de cebola. Sirva em seguida.

Lanche de Pernil

Por Arno
Rendimento: 4 unidades
Grau de dificuldade: Fácil
Tempo de preparo: 15 minutos

Ingredientes
- 4 pães franceses
- 400 g de pernil fatiado
- 100 g de queijo muçarela ralado

Preparo
Preaqueça a air fryer a 200ºC. Corte os pães ao meio, recheie-os com o pernil fatiado e cubra com o queijo muçarela ralado. Leve os lanches à air fryer por 8 minutos, ou até o queijo derreter. Sirva em seguida.

Lasanha de Abobrinha com Frango

Por Receitas Nestlé
Rendimento: 4 porções
Grau de dificuldade: fácil
Tempo de preparo: 30 minutos

Ingredientes
- 1 abobrinha pequena cortada em rodelas
- 1 copo de requeijão cremoso light Neslté® (200 g)
- ½ xícara (de chá) de frango desfiado e temperado
- 4 colheres (de sopa) de queijo parmesão ralado

Preparo
Em um refratário, faça uma camada com metade das rodelas de abobrinha, coloque metade do requeijão por cima, cubra com o frango e polvilhe metade do queijo parmesão ralado. Então, faça outra camada com o restante da abobrinha, cubra com a outra metade do requeijão e finalize com o restante do queijo parmesão ralado. Leve a lasanha para assar na air fryer, a 200ºC, por cerca de 20 minutos, ou até dourar. Retire e sirva em seguida.

Veja esta e outras receitas em:
www.receitasnestle.com.br

Lasanha de Berinjela

Por Chef Luis Henrique Nicolette (Pomarola/Cargill)
Rendimento: 2 porções
Grau de dificuldade: Fácil
Tempo de preparo: 20 minutos

Ingredientes
- 300 g de molho de tomate Pomarola® Tradicional
- 200 g de massa pronta de lasanha
- 200 g de queijo muçarela vegetal fatiado
- 200 g de berinjela fatiada e grelhada
- 100 g de queijo parmesão vegetal ralado (para polvilhar)
- Orégano a gosto (para polvilhar)

Preparo
Preaqueça a air fryer a 150ºC por 5 minutos. No cesto da air fryer, coloque um pouco de molho de tomate quente, faça uma camada de massa pronta de lasanha e cubra com outra porção de molho de tomate. Em seguida, faça uma camada de fatias de queijo muçarela vegetal e cubra com a berinjela grelhada. Repita o processo até acabarem os ingredientes, finalizando com uma camada de massa coberta com molho de tomate. Polvilhe o queijo parmesão ralado e o orégano sobre a lasanha e leve-a para assar na air fryer, a 150ºC, por cerca de 10 minutos, ou até derreter o queijo.

Lasanha de Queijo e Presunto

Por Chef Luis Henrique Nicolette (Pomarola/Cargill)
Rendimento: 2 porções
Grau de dificuldade: Fácil
Tempo de preparo: 30 minutos

Ingredientes

- 300 g de molho de tomate Pomarola® Tradicional
- 200 g de massa pronta de lasanha
- 200 g de queijo muçarela fatiado
- 200 g de presunto fatiado
- 100 g de queijo parmesão ralado (para polvilhar)
- Orégano a gosto (para polvilhar)

Preparo

Preaqueça a air fryer a 150ºC por 5 minutos. No cesto da air fryer, coloque uma porção de molho de tomate quente, cubra com uma camada de massa pronta para lasanha e cubra com outra porção de molho de tomate. Feito isso, faça uma camada de muçarela e de presunto. Repita o processo até acabarem os ingredientes, finalizando com uma camada de massa coberta com molho. Por fim, polvilhe o queijo parmesão ralado misturado com o orégano sobre a lasanha e leve-a para assar na air fryer, a 150ºC, por cerca de 20 minutos, ou até o queijo derreter.

Lasanha Vegetariana

Por Barilla
Rendimento: 6 porções
Grau de dificuldade: Fácil
Tempo de preparo: 40 minutos

Ingredientes da Lasanha

- 500 g vagem, abobrinha, berinjela, espinafre congelado, ervilhas frescas congeladas e cebola (ou vegetais de sua preferência)
- Azeite (para grelhar os vegetais)
- Sal e pimenta-do-reino a gosto
- 200 g de massa para lasanha seca Barilla®

Ingredientes do Molho Bechamel

- 80 g de manteiga
- 80 g de farinha de trigo
- 1 litro de leite
- 150 g de queijo parmesão ralado
- 1 pitada de noz-moscada
- Sal e pimenta-do-reino a gosto
- 150 g de muçarela de búfala picada

Preparo

Corte os vegetais em fatias e grelhe-os separadamente em uma frigideira untada com azeite. Tempere com sal e pimenta-do-reino, e reserve. À parte, para fazer o molho bechamel, em uma panela, derreta a manteiga e acrescente a farinha de trigo. Cozinhe até formar uma espuma esbranquiçada. Então, desligue o fogo, acrescente o leite aos poucos e mexa até formar uma mistura homogênea. Ligue o fogo novamente e mexa sempre até engrossar. Retire do fogo, junte um pouco de queijo parmesão ralado, a noz-moscada, o sal e a pimenta. Para montar a lasanha, em uma forma que caiba no cesto da air fryer, faça uma camada de molho bechamel, cubra com a massa de lasanha e faça uma nova camada de molho branco. Disponha os vegetais grelhados por cima, polvilhe um pouco de queijo parmesão ralado e cubra com parte da muçarela de búfala. Repita o processo até acabarem os ingredientes, finalizando com uma porção generosa de queijo parmesão ralado. Preaqueça a air fryer a 180ºC por 5 minutos. Por fim, leve a lasanha para assar na air fryer por cerca de 15 minutos, ou até dourar. Retire-a da fritadeira e deixar descansar por 5 minutos antes de servir.

Linguiça Calabresa Defumada

Por Receitas Mondial
Rendimento: 2 porções
Grau de dificuldade: Fácil
Tempo de preparo: 15 minutos

Ingredientes
✓ 2 gomos de linguiça calabresa defumada cortada em rodelas
✓ 1 cebola grande cortada em fatias finas
✓ ½ pimentão amarelo cortado em fatias finas
✓ ½ pimentão vermelho cortado em fatias finas
✓ 6 tomates-cereja
✓ Alecrim a gosto

Preparo
Coloque a linguiça, a cebola, os pimentões em fatias finas e os tomates-cereja no cesto da air fryer e misture bem. Leve o preparo para assar a 180ºC por cerca de 8 minutos, mexendo na metade do tempo para dourar por igual. Retire da fritadeira, tempere com alecrim e sirva em seguida.

Lombo Assado com Batata Rústica e Alecrim

Por Ana Regina Bonifácio (Personal Chef que atende pelo GetNinjas)
Rendimento: 2 a 4 porções
Grau de dificuldade: Médio
Tempo de preparo: 1 hora e 50 minutos

Ingredientes do Lombo

✓ 1 cebola cortada em pedaços
✓ 3 dentes de alho
✓ 1 ramo de alecrim fresco
✓ Pimenta-do-reino a gosto
✓ 1 colher (de café) de sal
✓ 500 g de lombo suíno
✓ 250 ml de suco de laranja

Ingredientes da Batata

✓ 4 batatas Asterix
✓ Água (o necessário)
✓ 1 ramo de alecrim fresco
✓ 3 ramos de tomilho fresco
✓ 1 colher (de sopa) de azeite
✓ 1 colher (de sopa) de manteiga com sal

Preparo

Para fazer o lombo, bata no liquidificador a cebola, o alho, o alecrim, a pimenta-do-reino e o sal. Em seguida, coloque o lombo em um saco plástico, cubra com a mistura de temperos, adicione o suco de laranja, amarre o saco e coloque-o em um refratário. Leve à geladeira por 30 minutos para marinar. Feito isso, retire o lombo do saco, reservando o molho. Então, no cesto da air fryer, acomode o lombo com a parte da gordura para cima e leve-o para assar a 180ºC por 40 minutos, virando a carne e regando-a com o molho reservado a cada 10 minutos. Enquanto isso, corte as batatas na diagonal e leve-as ao fogo para cozinhar até que fiquem "al dente". Escorra a água e tempere-as com o alecrim, tomilho, o azeite e a manteiga. Para finalizar, coloque as batatas na air fryer a 180ºC por 10 minutos. Sirva o lombo com as batatas rústicas.

Mac and Cheese Gratinado

Por Barilla
Rendimento: 6 porções
Grau de dificuldade: Fácil
Tempo de preparo: 40 minutos

Ingredientes do Molho de Queijos

✓ 50 g de manteiga com sal
✓ 50 g de farinha de trigo
✓ 1 litro de leite quente
✓ Sal e pimenta-do-reino a gosto
✓ Noz-moscada a gosto
✓ 400 g de queijo cheddar picado
✓ 100 g de queijo muçarela ralado
✓ 100 g de queijo parmesão ralado

Ingredientes da Massa

✓ 500 g de pasta Chifferi-Elbows Barilla®
✓ Água fervente (o necessário)
✓ Sal a gosto
✓ 30 g de queijo parmesão ralado (para gratinar)
✓ 30 g de farinha panko (para gratinar)

Preparo

Para preparar o molho de queijos, em uma caçarola, derreta a manteiga e acrescente a farinha de trigo. Cozinhe até começar a formar uma espuma esbranquiçada e subir um aroma amendoado. Desligue o fogo e acrescente o leite quente aos poucos, mexendo sempre. Quando formar uma mistura homogênea, retorne a panela ao fogo e deixe cozinhar por mais 8 minutos, mexendo sempre. Tempere com sal, pimenta-do-reino e noz-moscada a gosto. Então, acrescente os queijos cheddar, muçarela e parmesão ralado, e mexa bem até derreter. À parte, cozinhe a massa em água fervente e retire do fogo até 2 minutos antes do tempo indicado na embalagem. Retire a massa da água, despeje-a na panela com o molho de queijos e finalize o restante do tempo do cozimento, mexendo sempre. Se necessário, adicione um pouco da água do cozimento ao preparo. Feito isso, disponha o Mac and Cheese em uma assadeira, polvilhe a mistura do queijo parmesão ralado com a farinha panko, e leve para gratinar na air fryer, preaquecida a 180ºC, por cerca de 15 a 20 minutos, ou até dourar.

Dica: Se preferir, polvilhe bacon frito por cima do macarrão antes de servir.

Macarrão com Queijo Feta

Por Arno
Rendimento: 4 porções
Grau de dificuldade: Fácil
Tempo de preparo: 30 minutos

Ingredientes
✓ 1 e ½ xícara (de chá) de tomate-cereja
✓ 3 dentes de alho picados
✓ ½ xícara (de chá) de azeite
✓ Sal a gosto
✓ Queijo feta (aproximadamente 300 g)
✓ 3 xícaras (de chá) de farfalle ou outro macarrão de sua preferência cozido
✓ Folhas de manjericão a gosto

Preparo
No cesto da air fryer, coloque os tomates-cereja, o alho, o azeite e o sal, misturando tudo. Abra um espaço no centro do cesto e acomode o queijo feta. Feito isso, leve o preparo para assar na air fryer, a 180ºC, por cerca de 20 minutos. Retire da fritadeira, despedace o queijo e misture-o com os tomates. Então, adicione o macarrão cozido e as folhas de manjericão e misture bem. Sirva quente.

Miniquibe

Por Philco
Rendimento: 15 unidades
Grau de dificuldade: Fácil
Tempo de preparo: 45 minutos

Ingredientes

- 200 g de trigo para quibe
- 400 ml de água fervente
- 200 g de patinho moído
- ½ cebola ralada ou bem picada
- 1 colher (de sopa) de farinha de trigo
- Hortelã a gosto
- Pimenta-de-cheiro a gosto
- Sal a gosto

Preparo

Preaqueça a air fryer a 200ºC por cerca de 4 a 6 minutos. À parte, em um refratário, coloque o trigo para quibe e despeje a água fervente por cima. Reserve para descansar por 5 minutos. Feito isso, retire o trigo da água, coloque-o em um pano de prato e esprema bem para retirar o excesso de líquido. Então, coloque o trigo em um recipiente e junte a carne moída, a cebola, a farinha de trigo, a hortelã, a pimenta-de-cheiro e o sal, misturando bem até obter uma massa homogênea. Em seguida, modele os miniquibes, acomode-os no cesto da air fryer e leve-os para fritar a 200ºC por cerca de 13 a 15 minutos, virando-os na metade do tempo para que dourem por igual. Sirva em seguida.

Moqueca de Peixe e Camarão

Por Chef Luis Henrique Nicolette (Pomarola/Cargill)
Rendimento: 4 porções
Grau de dificuldade: Fácil
Tempo de preparo: 40 minutos

Ingredientes
✓ 1 cebola grande cortada em rodelas
✓ 1 tomate grande cortado em rodelas
✓ ½ pimentão vermelho médio cortado em rodelas
✓ ½ pimentão amarelo médio cortado em rodelas
✓ Coentro fresco a gosto
✓ 300 g de filé de tilápia cortada em pedaços
✓ 200 g de camarão limpos e descascados
✓ 50 ml de azeite-de-dendê
✓ Sal e pimenta-do-reino a gosto
✓ 100 g de molho de tomate Pomarola® Tradicional
✓ 250 ml de leite de coco

Preparo
No cesto da air fryer, alterne camadas de cebola, tomate, pimentão, coentro, tilápia e camarão. Repita as camadas até terminarem os ingredientes. Por cima, coloque um pouco de azeite-de-dendê e tempere com sal e pimenta-do-reino. Cubra o preparo com o molho de tomate e o leite de coco, e leve a moqueca para assar a 160ºC por cerca de 25 minutos. Retire o preparo do aparelho e sirva em seguida.

Nhoque de Abóbora

Por Jucenha (Para Multi)
Rendimento: 3 porções
Grau de dificuldade: Fácil
Tempo de preparo: 1 hora

Ingredientes do Nhoque

- 850 g de abóbora cabotiá
- Azeite (o suficiente)
- Sal a gosto
- Noz-moscada e alecrim a gosto
- 1 xícara (de chá) de farinha de trigo (aproximadamente)
- Farinha de trigo (para enfarinhar)
- Água fervente (para cozinhar)
- Manteiga com sal a gosto (para fritar os nhoques)

Ingredientes do Molho Branco

- 2 colheres (de sopa) de manteiga com sal
- 1 e ½ colher (de sopa) de farinha de trigo
- 2 xícaras (de chá) de leite de sua preferência
- Sal, pimenta-do-reino e noz-moscada a gosto

Preparo

Para preparar o nhoque, corte a abóbora em pedaços pequenos, regue-a com azeite e leve para assar na air fryer, a 200ºC, por cerca de 15 a 20 minutos, ou até ficar macia. Retire a abóbora, descasque-a, amasse-a com o auxílio de um garfo e tempere-a com o sal, a noz-moscada e o alecrim. Aos poucos, adicione a farinha de trigo, misturando até formar uma massa que quase desgrude das mãos. Em seguida, em uma base enfarinhada, modele cordões com a massa e corte-os em pedaços, formando os nhoques. Cozinhe os nhoques na água fervente com sal e, quando subirem à superfície, retire-os da panela. Então, frite-os na manteiga até ficarem bem dourados. Reserve. Para fazer o molho branco, em uma panela, derreta a manteiga, adicione a farinha de trigo e mexa por 2 a 3 minutos. Feito isso, acrescente o leite e mexa sem parar até engrossar. Tempere com o sal, a pimenta-do-reino e a noz-moscada. Por fim, disponha os nhoques em um refratário e cubra-os com o molho branco. Sirva em seguida.

Nhoque de Couve-flor

Por Marcella Garcez (Médica nutróloga)
Rendimento: 2 a 4 porções
Grau de dificuldade: Fácil
Tempo de preparo: 45 minutos

Ingredientes
✓ 1 maço médio de couve-flor
✓ 1 ovo
✓ 1 xícara (de chá) de farinha de amêndoa
✓ ¼ de xícara (de chá) de queijo parmesão ralado
✓ 1 colher (de chá) de sal
✓ 1 pitada de pimenta-do-reino preta
✓ Farinha de trigo (para polvilhar)
✓ Molho de sua preferência (para servir)

Preparo
Preaqueça a air fryer a 200ºC por cerca de 5 minutos. À parte, separe a couve-flor em pequenos floretes, coloque-os em um processador de alimentos e triture. Então, coloque a couve-flor triturada em um pano de prato limpo e torça-o para remover o excesso de líquido do vegetal. Em um recipiente, coloque a couve-flor espremida, o ovo, a farinha de amêndoa, o queijo parmesão ralado, o sal e a pimenta-do-reino preta, misturando até obter uma massa homogênea. Em seguida, polvilhe uma base com farinha de trigo, coloque a massa por cima e divida-a em pequenas porções. Enrole a massa como cilindro, de cerca de 2 cm de espessura, e corte-o em pedaços de 2 cm. Feito isso, acomode os nhoques no cento da air fryer em uma única camada, deixando um espaço entre eles. Cozinhe os nhoques por cerca de 10 a 12 minutos, mexendo a cada 5 minutos para garantir que fiquem dourados e cozidos por igual. Por fim, retire os nhoques do aparelho e sirva-os com o molho de sua preferência.

Nugget Caseiro

Por Britânia
Rendimento: 8 unidades
Grau de dificuldade: Fácil
Tempo de preparo: 30 minutos

Ingredientes
✓ 300 g de peito de frango sem pele e sem osso
✓ Sal a gosto
✓ Alho picado a gosto
✓ Pimenta-do-reino a gosto
✓ 110 g de salgadinho sabor queijo nacho (para empanar)
✓ 1 xícara (de chá) de farinha de trigo (para empanar)
✓ 1 ovo levemente batido (para empanar)

Preparo
Corte o peito de frango em cubos de aproximadamente 1,5 cm de espessura. Em seguida, tempere-os com o sal, o alho e a pimenta-do-reino. Então, quebre o salgadinho ainda dentro do pacote até ficar esfarelado. Para empanar, passe os pedaços de frango na farinha de trigo, nos ovos e, por último, no salgadinho triturado, sem deixar excesso. Por fim, acomode os nuggets no cesto da air fryer e asse-os 200°C por cerca de 15 minutos, virando na metade do tempo para que dourem por igual.

Omelete

Por Britânia
Rendimento: 1 porção
Grau de dificuldade: Fácil
Tempo de preparo: 20 minutos

Ingredientes
✓ 3 ovos
✓ Legumes de sua preferência picados a gosto
✓ Queijo de sua preferência picado a gosto
✓ Sal a gosto
✓ Orégano a gosto
✓ Temperos de sua preferência a gosto
✓ 1 colher (de chá) de fermento em pó

Preparo
Em um recipiente, bata levemente os ovos. Em seguida, acrescente os legumes picados, o queijo, o sal, o orégano e os temperos de sua preferência, misturando bem. Por último, adicione o fermento em pó e mexa lentamente. Então, despeje a massa em uma forma e acomode-a no cesto da air fryer. Leve a omelete para assar a 180°C por cerca de 10 a 15 minutos, ou até dourar.

Omelete de Legumes

Por NutriU/Philips Walita
Rendimento: 2 porções
Grau de dificuldade: Fácil
Tempo de preparo: 15 minutos

Ingredientes
- ✓ 100 g de pimentão vermelho cortado em cubos de 0,5 cm
- ✓ 100 g de abobrinha cortado em cubos de 0,5 cm
- ✓ 1 cebolinha cortada em fatias finas
- ✓ 1 colher (de chá) de azeite
- ✓ 3 ovos médios
- ✓ 50 ml de leite
- ✓ 5 g de estragão fresco picado
- ✓ 1 pitada de sal
- ✓ 1 pitada de pimenta-do-reino moída

Preparo
No cesto da air fryer, coloque o pimentão, a abobrinha, a cebolinha e o azeite, misturando bem. Leve para a air fryer a 180ºC por cerca de 5 minutos. Enquanto isso, com o auxílio de um batedor manual de arame, bata os ovos e o leite. Depois, adicione o estragão picado, o sal e a pimenta-do-reino. Junte a mistura de ovos no cesto da air fryer com os legumes e mexa bem. Retorne o preparo para a air fryer a 170ºC por 10 minutos. Sirva em seguida.

Omelete de Tomate

Por Chef Luis Henrique Nicolette (Pomarola/Cargill)
Rendimento: 4 porções
Grau de dificuldade: Fácil
Tempo de preparo: 25 minutos

Ingredientes
- 6 ovos
- 25 g de manteiga sem sal derretida
- 100 g de queijo muçarela ralado
- 100 g de tomate sem sementes e cortado em cubos
- 100 g de molho de tomate Pomarola®
Tradicional
- 50 g de cebola roxa fatiada
- Sal e pimenta-do-reino a gosto

Preparo
Preaqueça a air fryer a 180°C por cerca de 5 minutos. Em um recipiente, bata levemente os ovos com o auxílio de um garfo. Adicione a manteiga, a muçarela, o tomate, o molho de tomate, a cebola roxa, o sal e a pimenta-do-reino. Feito isso, disponha o preparo no cesto da air fryer e leve para assar a 180°C por cerca de 15 minutos. Sirva quente.

Omelete Fit

Por Gaabor
Rendimento: 1 porção
Grau de dificuldade: Fácil
Tempo de preparo: 10 minutos

Ingredientes
✓ 2 ovos
✓ 1 cebola picada
✓ 1 tomate picado
✓ 2 fatias de queijo branco picado
✓ Sal a gosto
✓ Orégano a gosto

Preparo
Em um recipiente, bata os ovos com o auxílio de um garfo. Em seguida, adicione a cebola, o tomate e o queijo branco. Tempere com sal e orégano e misture bem. Despeje o preparo no cesto da air fryer e asse a 180ºC por cerca de 5 minutos.

Ovo Cozido

Por Lucia Endriukaite (Nutricionista do Instituto Ovos Brasil)
Rendimento: 1 unidade
Grau de dificuldade: Fácil
Tempo de preparo: 15 minutos

Ingredientes
✓ Vinagre (o necessário)
✓ 1 ovo
✓ Água fria (o necessário)

Preparo
Passe o vinagre na casca do ovo para facilitar na hora de descascar. Enquanto isso, preaqueça a air fryer por, pelo menos, 3 minutos a 160ºC. Então, coloque o ovo na air fryer e deixe cozinhar por cerca de 9 a 12 minutos. Após o cozimento, retire o ovo da fritadeira, coloque-o em água fria para cortar o cozimento e retire a casca.

Ovo Frito

Por Lucia Endriukaite (Nutricionista do Instituto Ovos Brasil)
Rendimento: 2 unidades
Grau de dificuldade: Fácil
Tempo de preparo: 10 minutos

Ingredientes
- 2 ovos
- Sal a gosto
- Azeite (para untar)

Preparo
Preaqueça a air fryer por, pelo menos, 3 minutos a 200ºC. Feito isso, unte uma forma própria para air fryer com o azeite, quebre os ovos nela, tempere-as com sal e leve-as para fritar na fritadeira por cerca de 7 minutos, ou até obter o ponto desejado.

Pamonha Cremosa Fácil

Por Receitas Mondial
Rendimento: 8 a 10 porções
Grau de dificuldade: Fácil
Tempo de preparo: 15 minutos

Ingredientes

✓ 1 e ½ xícara de chá) de milho-verde fresco (não pode ser milho em conserva)
✓ 1 colher (de sopa) de manteiga ou margarina
✓ ½ xícara (de chá) de leite
✓ 1 pitada de sal
✓ Manteiga (para untar)

Preparo

Bata no liquidificador o milho-verde fresco, a manteiga, o leite, o açúcar e o sal. Despeje o preparo em pequenos refratários untados e leve à air fryer preaquecida, a 180ºC, por cerca de 15 minutos, ou até dourar.

Pão Caseiro Temperado

Por NutriU/Philips Walita
Rendimento: 6 porções
Grau de dificuldade: Fácil
Tempo de preparo: 50 minutos

Ingredientes

✓ 7 g de fermento em pó para massa azeda
✓ 7 g de fermento biológico seco
✓ 240 g de farinha de centeio integral
✓ 140 g de farinha de trigo integral
✓ 1 e ½ colher (de chá) de sal
✓ ½ colher (de chá) de alcarávia
✓ ½ colher (de chá) de semente de coentro
✓ ½ colher (de chá) de semente de anis
✓ ½ colher (de chá) de semente de erva-doce
✓ ½ colher (de chá) de cardamomo em pó
✓ 280 ml de água morna
✓ 1 colher (de chá) de óleo (para untar)

Preparo

Misture todos os ingredientes secos. Em seguida, acrescente a água morna e amasse bem até a massa desprender do recipiente. Cubra o refratário com plástico-filme e reserve em um local quente por 25 minutos, para a massa crescer. Quando ela tiver crescido metade do tamanho, amasse novamente sobre uma superfície enfarinhada. Então, unte uma assadeira com uma fina camada de óleo e acomode a massa. Cubra com plástico-filme e reserve para crescer, em local quente, por mais 25 minutos. Retire o plástico-filme, coloque a assadeira na air fryer e asse o pão a 200ºC por, aproximadamente, 10 minutos.

Pão Caseiro

Por Receitas Mondial
Rendimento: 9 porções
Grau de dificuldade: Fácil
Tempo de preparo: 45 minutos

Ingredientes

- 2 xícaras (de chá) de água morna
- 1 colher (de sopa) de açúcar
- 1 colher (de sopa) de fermento biológico
- 4 xícaras (de chá) de farinha de trigo
- 2 ovos
- ½ xícara (de chá) de óleo
- 1 pitada de sal
- Óleo (para untar)
- 1 gema (para pincelar)

Preparo

Em uma batedeira, coloque a água, o açúcar, o fermento e 1 xícara (de chá) de farinha de trigo. Misture bem e deixe descansar por 20 minutos. Feito isso, adicione os ovos e o óleo e ligue a batedeira em velocidade mínima. Com a batedeira ligada, adicione o restante da farinha de trigo aos poucos, batendo até a massa desgrudar das laterais. Então, coloque a massa em uma assadeira untada, cubra com um pano e deixe descansar por 20 minutos. Divida a massa em 9 bolinhas, acomode-as no cesto da air fryer e deixe descansar por 10 minutos. Pincele a gema na superfície dos pães e asse-os a 140ºC por cerca de 20 minutos, ou até dourar.

Pão com Linguiça

Por Chef Luis Henrique Nicolette (Pomarola/Cargill)
Rendimento: 4 porções
Grau de dificuldade: Fácil
Tempo de preparo: 20 minutos

Ingredientes

- 3 linguiças toscanas picadas
- 50 g de cebola roxa fatiada
- Salsa fresca picada a gosto
- 100 g de queijo meia-cura ralado
- 2 pães franceses
- 50 g de molho de tomate Pomarola® Tradicional

Preparo

Em um recipiente, misture a linguiça picada, a cebola roxa, a salsa picada e o queijo meia-cura. Reserve. Em seguida, corte os pães ao meio, formando 4 metades. Em cada metade, adicione a mistura da linguiça e cubra com o molho de tomate. Coloque os pães no cesto da air fryer e asse a 180ºC por cerca de 8 minutos, ou até dourar.

Pão com Linguiça Crocante

Por Hemmer
Rendimento: 2 porções
Grau de dificuldade: Fácil
Tempo de preparo: 40 minutos

Ingredientes

- 2 pães franceses
- 3 linguiças toscanas
- 1 colher (de chá) de cheiro-verde picado
- 100 g de queijo de sua preferência picado
- 2 colheres (de sopa) de maionese Hemmer®
- 1 colher (de sopa) de azeitona preta Hemmer®

Preparo

Retire a pele das linguiças e corte-as em pedaços pequenos. Feito isso, em um recipiente, misture a linguiça, o cheiro-verde, o queijo, a maionese e a azeitona preta, misturando bem. Corte os pães ao meio, formando quatro fatias. Em cima de cada fatia, coloque a mistura de linguiça e leve-os para assar na air fryer, a 180ºC, por cerca de 10 minutos ou até dourar.

Pão com Linguiça e Bacon

Por Receitas Nestlé
Rendimento: 2 porções
Grau de dificuldade: Fácil
Tempo de preparo: 20 minutos

Ingredientes
- 1 pão francês
- 200 g de queijo muçarela ralado
- 2 colheres (de chá) de orégano
- 4 gomos de linguiça sem pele e picada
- 50 g de bacon em cubos

Preparo

Corte o pão ao meio, retire um pouco do miolo para abrir uma cavidade em cada metade e preencha-as com parte do queijo, o orégano, a linguiça e o bacon. Leve para a air fryer a 160ºC por cerca de 10 minutos. Após esse tempo, abra a fritadeira, adicione o restante da muçarela por cima de cada metade do pão e deixe assar por mais 5 minutos, para que o queijo derreta. Retire e sirva em seguida.

Veja esta e outras receitas em:
www.receitasnestle.com.br

Pão com Ovo

Por Lucia Endriukaite (Nutricionista do Instituto Ovos Brasil)
Rendimento: 1 porção
Grau de dificuldade: Fácil
Tempo de preparo: 15 minutos

Ingredientes
- 2 ovos
- Sal a gosto
- 1 pão francês ou 2 fatias de pão de forma
- 1 tomate picado

Preparo
Preaqueça a air fryer por, pelo menos, 3 minutos a 180°C. Enquanto isso, bata levemente os ovos e tempere-os com o sal. Reserve. À parte, corte o pão francês ao meio, retire o miolo e recheie-o com o tomate e os ovos. Leve à air fryer quente por cerca de 10 minutos, ou até obter o ponto desejado.

Pão de Alho

Por Arno
Rendimento: 4 porções
Grau de dificuldade: Fácil
Tempo de preparo: 20 minutos

Ingredientes

✓ 100 g de manteiga com sal em temperatura ambiente
✓ 3 dentes de alho picado
✓ Salsinha picada a gosto
✓ Sal e pimenta-do-reino a gosto
✓ 1 pão italiano
✓ 200 g de queijo muçarela

Preparo

Em um recipiente, misture a manteiga com o alho, a salsinha picada, o sal e a pimenta-do-reino. Em seguida, faça cortes quadrados na superfície e no miolo do pão, tomando cuidando para não cortar a base. Feito isso, distribua a manteiga temperada dentro e por cima de todo o pão, e preencha as fendas formadas com fatias de queijo muçarela. Por fim, leve o pão para assar na air fryer, a 160ºC, por aproximadamente 10 a 15 minutos, ou até derreter o queijo e dourar.

Pão de Alho com Queijo

Por Philco
Rendimento: 2 unidades
Grau de dificuldade: Fácil
Tempo de preparo: 15 minutos

Ingredientes

✓ 4 colheres (de sopa) de alho triturado
✓ 200 g de queijo muçarela ralado grosso
✓ 1 colher (de sopa) de azeite
✓ 2 colheres (de sopa) de maionese
✓ Salsinha e cebolinha picados a gosto
✓ 2 baguetes individuais ou pães franceses

Preparo

Em um recipiente, misture o alho, a muçarela, o azeite, a maionese, a salsinha e a cebolinha. Feito isso, faça vários cortes na superfície dos pães, sem separá-los, e preencha os espaços com o recheio. Leve para os pães para assar na air fryer, a 180ºC, por cerca de 5 minutos, ou até derreter o queijo. Sirva quente.

Pão de Batata

Por General Mills – Yoki
Rendimento: 30 unidades pequenas
Grau de dificuldade: Fácil
Tempo de preparo: 1 hora e 20 minutos

Ingredientes
✓ 2 tabletes de fermento biológico fresco
✓ 3 colheres (de sopa) de açúcar
✓ ½ colher (de sopa) de sal
✓ 2 ovos grandes batidos ligeiramente
✓ ¼ de xícara (de chá) de óleo
✓ ½ colher (de sopa) de manteiga
✓ 500 ml de leite morno
✓ 1 pacote de mistura em flocos para purê de batata Yoki®
✓ 300 g de farinha de trigo
✓ Manteiga (para untar)
✓ Farinha de trigo (para enfarinhar)

Preparo
Em uma tigela grande, misture o fermento biológico com o açúcar. Acrescente o sal, os ovos ligeiramente batidos, o óleo, a manteiga, o leite morno e os flocos de purê de batata. Misture até obter uma mistura homogênea. Aos poucos, vá adicionando a farinha de trigo e misture com as mãos até obter uma massa lisa. Acomode a massa obtida em uma base enfarinhada e sove até a massa ficar levemente esbranquiçada e macia. Então, pegue pequenos pedaços de massa com as mãos, modele os pães e distribua-os em uma assadeira untada e enfarinhada. Reserve a massa para descansar até crescer e dobrar de volume. Feito isso, disponha a assadeira no cesto da air fryer e leve os pães para assar na fritadeira, preaquecida a 200ºC, por cerca de 20 minutos, ou até dourar. Sirva quente ou morno.

Pão de Forma

Por Lucia Endriukaite (Nutricionista do Instituto Ovos Brasil)
Rendimento: 8 porções
Grau de dificuldade: Médio
Tempo de preparo: 30 minutos

Ingredientes
- 1 xícara (de chá) de leite morno
- 1 ovo
- ½ tablete de fermento biológico fresco
- 2 colheres (de sopa) de azeite
- 1 colher (de chá) de açúcar
- ½ colher (de sopa) de sal
- 2 xícaras (de chá) de farinha de trigo
- Azeite (para untar)
- Farinha de trigo (para enfarinhar)

Preparo
Bata no liquidificador o leite, o ovo, o fermento biológico, o azeite, o açúcar e o sal até obter uma mistura homogênea. Transfira para um recipiente, acrescente a farinha de trigo e misture bem até formar uma massa mole e pegajosa. Despeje a massa em uma forma untada e enfarinhada, coloque no cesto da air fryer e reserve. Preaqueça a air fryer por 3 minutos, a 180ºC. Desligue o aparelho e deixe a massa descansar dentro do aparelho para crescer. Assim que a massa dobrar de volume, ligue a fritadeira a 180°C e asse o pão por cerca de 15 minutos, ou até dourar. Espere o pão amornar e corte em fatias.

Pão de Queijo

Por Camponesa
Rendimento: 12 unidades
Grau de dificuldade: Difícil
Tempo de preparo: 30 minutos

Ingredientes
- 1 colher (de sopa) de sal
- 1 kg de polvilho azedo
- ½ copo (americano) de água fervente
- 4 ovos
- 250 g de manteiga com sal Camponesa®
- 500 ml de leite
- 250 g de queijo minas meia-cura Camponesa® ralado grosso

Preparo
Em um recipiente, misture o sal com o polvilho. Em seguida, aos poucos, adicione a água fervente, mexendo sem parar até usar todo o líquido. Depois, junte os ovos, a manteiga e o leite. Quando formar uma massa homogênea, acrescente o queijo minas meia-cura ralado e amasse até formar uma massa uniforme, que desprenda das mãos. Feito isso, modele bolinhas de cerca de 4 centímetros e acomode-as na assadeira. Leve-as ao freezer por, pelo menos, 30 minutos antes de assar. Então, preaqueça a air fryer a 200ºC por 5 minutos. Feito isso, acomode os pães de queijo no cesto da air fryer, deixando 2 centímetros de distância entre eles, e asse-os na air fryer por cerca de 15 minutos, ou até dourar, virando na metade do tempo para dourar todos os lados por igual.

Pão de Queijo Cottage e Espinafre

Por NutriU/Philips Walita
Rendimento: 4 porções
Grau de dificuldade: Fácil
Tempo de preparo: 12 minutos

Ingredientes
- 200 g de farinha de trigo
- 7 g de fermento biológico seco
- 50 ml de azeite
- 2 pitadas de sal
- 1 colher (de sopa) de mel
- 100 ml de água morna
- 50 g de espinafre picado
- 30 g de queijo gouda ralado
- 100 g de queijo cottage
- ½ colher (de chá) de sal
- 1 ovo levemente batido (para pincelar)
- Sementes de linhaça (para polvilhar)

Preparo
Em um recipiente, coloque a farinha de trigo, o fermento biológico seco, o azeite, o sal e o mel, misturando bem. Em seguida, adicione a água morna e sove por, pelo menos, 5 a 8 minutos, ou até que esteja macia e elástica. Deixe a massa coberta em um lugar quente por, pelo menos, 1 hora para fermentar ou dobrar de volume. À parte, em outro refratário, misture o espinafre com o queijo gouda ralado, o queijo cottage e o sal. Então, abra a massa com 1 cm de espessura, corte em 9 pedaços de tamanhos iguais e adicione 1 colher (de sopa) do recheio de espinafre. Una as pontas da massa e modele bolinhas. Feito isso, disponha as bolinhas no cesto da air fryer, pincele-as com o ovo e polvilhe algumas sementes de linhaça por cima. Por fim, asse os pães na fritadeira, a 180ºC, por cerca de 12 minutos, ou até dourar.

Pão de Queijo de Tapioca

Por Philco
Rendimento: 10 unidades
Grau de dificuldade: Fácil
Tempo de preparo: 30 minutos

Ingredientes
✓ 1 ovo
✓ 2 colheres (de sopa) cheias de goma de tapioca
✓ 2 colheres (de sopa) de requeijão cremoso
✓ Temperos de sua preferência a gosto
✓ 1 colher (de chá) de fermento em pó

Preparo
Em um recipiente, misture o ovo, a goma de tapioca, o requeijão, os temperos de sua preferência e, por último, o fermento em pó. Distribua o preparo em pequenas formas de alumínio ou de silicone, e leve para assar na air fryer a 200ºC por cerca de 15 minutos, ou até dourar.

Pãozinho de Minuto

Por Jucenha (Para Multi)
Rendimento: 8 unidades
Grau de dificuldade: Fácil
Tempo de preparo: 1 hora

Ingredientes
✓ 2 xícaras (de chá) de farinha de trigo
✓ ½ colher (de chá) de sal
✓ 2 colheres (de chá) de fermento em pó
✓ ¾ de xícara (de chá) de leite
✓ 3 colheres (de sopa) de óleo
✓ 1 colher (de chá) de vinagre
✓ Farinha de trigo (para enfarinhar)
✓ Azeite misturado com melado (para pincelar)

Preparo
Em um recipiente, peneire a farinha de trigo, o sal e o fermento em pó. Misture os ingredientes secos e adicione o leite, o óleo e o vinagre, amassando bem. Se a massa ficar seca, adicione mais leite aos poucos até incorporar bem. Então, em uma superfície enfarinhada, misture a massa com as mãos até ficar bem lisa. Divida-a em 8 porções iguais e modele bolinhas. Feito isso, pincele o azeite misturado com melado na superfície das bolinhas e acomode-as no cesto da fritadeira. Leve os pães para assar na air fryer, preaquecida a 200ºC, por cerca de 15 a 20 minutos, ou até dourar.

Pastel Assado

Por Gaabor
Rendimento: 15 unidades
Grau de dificuldade: Fácil
Tempo de preparo: 15 minutos

Ingredientes

- 1 pacote de massa de pastel (aproximadamente 500 g)
- 15 cubos de queijo muçarela
- Orégano a gosto
- 1 gema (para pincelar)

Preparo

Abra a massa de pastel sobre uma superfície e corte círculos com o auxílio de um copo. Em seguida, distribua cubinhos de queijo e orégano no centro dos discos, e pressione as bordas com o auxílio de um garfo. Pincele a gema na superfície dos pastéis e asse-os na air fryer, a 180ºC, por cerca de 8 minutos, ou até dourar.

Pastel de Angu

Por Mauricio Lopes (Chef e Docente dos cursos de graduação, pós-graduação e educação continuada na Universidade Presbiteriana Mackenzie)
Rendimento: 12 unidades
Grau de dificuldade: Fácil
Tempo de preparo: 30 minutos

Ingredientes do Recheio

- 200 g de patinho moído
- 30 ml de óleo
- 1 dente de alho picado
- 30 g de cebola picada
- 30 g de pimentão verde picado
- 1 tomate picado
- 5 g de farinha de trigo
- 1 ovo cozido e picado
- 2 azeitonas verdes picadas
- Salsinha e cebolinha a gosto
- Sal e pimenta-do-reino a gosto

Ingredientes da Massa

- 750 ml de água
- 10 g de sal
- 30 ml de óleo
- 2 g de bicarbonato de sódio
- 350 g de fubá mimoso
- 1 ovo
- 30 g de polvilho azedo
- Óleo (para pincelar)

Preparo

Para fazer o recheio, em uma panela, refogue a carne moída no óleo. Em seguida, acrescente o alho, a cebola, o pimentão e o tomate, misturando bem. Quando cozinhar bem, adicione a farinha de trigo, o ovo cozido, a azeitona, a salsinha e a cebolinha. Tempere com sal e pimenta-do-reino a gosto. Reserve para esfriar. À parte, faça a massa. Para isso, em uma panela grande, ferva a água com o sal e o óleo. Em seguida, adicione o bicarbonato de sódio e, depois, o fubá, mexendo sempre até cozinhar. Retire do fogo e junte o ovo e o polvilho azedo, misturando até esfriar. Cubra a massa com plástico-filme e reserve para esfriar completamente. Então, com o auxílio de um rolo, abra a massa e, com um cortador redondo, modele os discos. Recheie os pastéis com a carne, modele-os, feche-os com o auxílio de um garfo e pincele-os com o óleo. Por fim, asse os pastéis na air fryer, a 200ºC, por cerca de 15 minutos, ou até dourar.

Pastel Assado
Página 94

Peixe Empanado

Por VigilantesdoPeso
Rendimento: 4 porções
Grau de dificuldade: Fácil
Tempo de preparo: 28 minutos

Ingredientes
- ¼ de xícara (de chá) de maionese light
- 1 colher (de sopa) de salsinha fresca
- 1 colher (de sopa) de alecrim
- 1 colher (de sopa) de alho amassado
- ¼ de colher (de chá) de sal
- ¼ de colher (de chá) de pimenta-do-reino
- 4 filés de tilápia
- ¾ de xícara (de chá) de farinha de rosca ou farinha panko (para empanar)
- Azeite (para pincelar)

Preparo
Preaqueça a air fryer a 200°C. Em um recipiente, misture a maionese, a salsinha, o alecrim, o alho, o sal e a pimenta. Reserve. Com papel-toalha, seque bem os filés de tilápia e passe-os na mistura da maionese e, em seguida, na farinha de rosca, para empanar. Então, acomode dois filés no cesto da air fryer untado com azeite, pincele um pouco de azeite sobre eles e leve-os para assar por cerca de 10 minutos, ou até o peixe cozinhar e ficar crocante por fora. Retire-os da fritadeira e repita o processo com os demais filés. Sirva quente.

Picanha na Air Fryer

Por Arno
Rendimento: 2 porções
Grau de dificuldade: Fácil
Tempo de preparo: 20 minutos

Ingredientes
- 2 bifes de picanha altos (com 2 dedos de espessura)
- Sal a gosto
- Pimenta-do-reino a gosto

Preparo
Preaqueça a air fryer por 5 minutos a 200°C. Enquanto isso, tempere a picanha com o sal e a pimenta-do-reino. Então, leve a carne para assar na air fryer por cerca de 15 minutos, ou até obter o ponto desejado.

Pizza de Rap 10

Por Gaabor
Rendimento: 4 unidades
Grau de dificuldade: Fácil
Tempo de preparo: 15 minutos

Ingredientes
- 4 discos de Rap 10®
- Molho de tomate (o necessário)
- 16 fatias de queijo muçarela
- 2 calabresas raladas
- Orégano a gosto

Preparo
Coloque o Rap 10® em uma base, espalhe o molho de tomate por cima, cubra com o queijo muçarela, a calabresa e o orégano. Asse a pizza na air fryer, a 160ºC, por cerca de 15 minutos. Repita o processo com todos os discos de Rap 10®.

Pizza Marguerita

Por Chef Luis Henrique Nicolette (Pomarola/Cargill)
Rendimento: 4 porções
Grau de dificuldade: Fácil
Tempo de preparo: 20 minutos

Ingredientes
- 4 discos de massa de pizza (aproximadamente 15 cm cada)
- 100 g de molho de tomate Pomarola® Tradicional
- 200 g de queijo muçarela ralado
- 200 g de tomate fatiado
- Orégano a gosto
- Folhas de manjericão fresco a gosto (para decorar)
- Azeite a gosto (para regar)
- Orégano (para polvilhar)

Modo de preparo
Preaqueça a air fryer a 200ºC por 5 minutos. Coloque o disco de pizza no cesto da air fryer e espalhe um pouco de molho de tomate. Por cima, coloque a muçarela ralada, as fatias de tomate e um pouco de orégano. Repita o processo com todos os discos de massa. Leve a pizza para assar a 200ºC por cerca de 5 minutos. Retire da fritadeira, distribua as folhas de manjericão por cima, regue o azeite e polvilhe o orégano.

Pizza Marguerita Caseira

Por NutriU/Philips Walita
Rendimento: 4 porções
Grau de dificuldade: Difícil
Tempo de preparo: 1 hora

Ingredientes do Molho de Tomate
- 1 colher (de sopa) de azeite
- 1 cebola picada
- 1 talo de aipo picado
- 60 g de cenoura cortada em cubos
- 1 colher (de sopa) de extrato de tomate
- 1 colher (de sopa) de vinagre balsâmico
- 1 colher (de chá) de caldo de legumes em pó
- 2 g de orégano
- 400 g de tomate pelado cortados em cubos
- 100 ml de água

Ingredientes da Massa
- 250 g de farinha de trigo
- 3 g de sal
- 170 ml de água
- 4 g de fermento biológico seco
- 1 colher (de chá) de xarope de agave
- 1 colher (de sopa) de azeite
- Farinha de trigo (para enfarinhar)

Ingredientes do Recheio
- 125 g de queijo muçarela cortada em fatias
- 25 g de queijo parmesão ralado
- 5 g de manjericão fresco

Preparo

Para fazer o molho de tomate, em uma panela, coloque o azeite, a cebola e o aipo. Refogue em fogo médio por 5 minutos, até que a cebola fique transparente. Então, adicione a cenoura, o extrato de tomate, o vinagre balsâmico, o caldo de legumes em pó, o orégano, o tomate cortado em cubos e a água. Aqueça em fogo baixo por, pelo menos, 15 minutos (o molho ficará mais homogêneo se ferver por 1 hora). Retire do fogo, deixe esfriar e bata no liquidificador. Reserve. Para preparar a massa, coloque a farinha de trigo e o sal em um recipiente grande. À parte, misture a água, o fermento, o xarope de agave e o azeite. Coloque a mistura do fermento no meio da farinha e, com o auxílio de um garfo, misture bem até incorporar todos os ingredientes. Então, disponha a massa em uma superfície enfarinhada e amasse um pouco para formar uma bola. Enquanto isso, preaqueça a air fryer a 60ºC por 1 minuto. Então, disponha a massa no cesto da air fryer, coloque-a dentro do aparelho desligado e reserve por 30 minutos para crescer. Retire a massa da fritadeira e amasse por alguns minutos sobre uma superfície enfarinhada. Então, corte a massa em 4 bolas e abra discos que caibam na air fryer. Cubra a pizza com o molho de tomate, a muçarela e o queijo parmesão ralado. Leve para assar a 200ºC por 8 minutos, retire do aparelho e finalize com o manjericão antes de servir.

Polenta Frita com Queijo e Ervas

Por Receitas Mondial
Rendimento: 8 porções
Grau de dificuldade: Médio
Tempo de preparo: 30 minutos

Ingredientes
- 4 xícaras (de chá) de caldo de legumes
- 2 colheres (de sopa) de azeite
- 1 colher (de sopa) de ervas de sua preferência
- 2 colheres (de chá) de sal
- 1 e ½ xícara (de chá) de fubá mimoso
- 4 colheres (de sopa) de queijo parmesão ralado
- Azeite (para untar)
- Molho de sua preferência (para servir)

Preparo
Coloque o caldo de legumes, o azeite, as ervas e o sal em uma panela. Leve ao fogo médio e, quando levantar fervura, adicione o fubá aos poucos, mexendo rapidamente com ajuda de um batedor manual de arame. Continue a mexer em fogo baixo até a polenta ficar bem cozida e soltando do fundo da panela. Por último, adicione o queijo parmesão ralado e misture bem. Feito isso, despeje a polenta ainda quente em uma assadeira untada com azeite e deixe esfriar completamente. Então, corte tiras ou quadradinhos com a massa e frite as polentas na air fryer, a 200ºC, por cerca de 10 a 15 minutos, até começar a ficar dourada e crocante.

Polenta Frita Picante com Molho de Tomate

Por VigilantesdoPeso
Rendimento: 4 porções
Grau de dificuldade: Fácil
Tempo de preparo: 25 minutos

Ingredientes
- 500 g de polenta cozida, firme e cortada em palitos (veja receita na página anterior)
- Azeite (para untar)
- ½ colher (de chá) de alho desidratado
- ½ colher (de chá) de páprica defumada
- ½ colher (de chá) de molho de pimenta
- ¼ colher (de chá) de sal
- ½ xícara (de chá) de molho de tomate (para servir)

Preparo
Em um recipiente, coloque os palitos de polenta, pincele-os com azeite e tempere-os com o alho, a páprica, o molho de pimenta e o sal, misturando bem. Em seguida, acomode a polenta no cesto da air fryer untado e leve para assar a 200ºC, por cerca de 20 minutos, pausando a cada 7 minutos para mexer o cesto. Retire as polentas da air fryer e repita o processo com as demais polentas. Sirva com molho de tomate.

Porchetta

Por Receitas Mondial
Rendimento: 12 porções
Grau de dificuldade: Difícil
Tempo de preparo: 1 hora e 45 minutos

Ingredientes
- Sal a gosto
- Pimenta-do-reino moída a gosto
- Pimenta calabresa a gosto
- Erva-doce em grãos a gosto
- Alecrim a gosto
- 10 dentes de alho picados
- 1 peça de barriga suína
- 100 ml de cachaça
- 200 ml de suco de limão
- 100 ml de vinagre balsâmico

Preparo
Em um recipiente, misture o sal, a pimenta-do-reino moída, a pimenta calabresa, a erva-doce, o alecrim e o alho. Esfregue essa mistura na barriga suína, coloque em uma assadeira bem grande e faça furos na carne com o auxílio de uma faca. À parte, misture a cachaça, o suco de limão e o vinagre balsâmico, e despeje sobre a barriga suína. Cubra com plástico-filme e leve à geladeira por 24 horas. Feito isso, retire da geladeira, descarte o excesso de marinada e coloque a carne em uma tábua, com a gordura para cima. Então, enrole a barriga suína como rocambole e amarre com um barbante culinário. Em seguida, envolva o preparo com papel-alumínio, coloque na air fryer e asse a 180ºC por 1 hora, virando durante o preparo para dourar dos dois lados. Por fim, retire o papel-alumínio e retorne à air fryer por mais 30 minutos, ou até dourar.

Quibe

Por General Mills – Yoki
Rendimento: 6 unidades
Grau de dificuldade: Fácil
Tempo de preparo: 30 minutos

Ingredientes
✓ 250 g de trigo para quibe Yoki®
✓ Água (o necessário)
✓ 1 cebola média
✓ 10 folhas de hortelã (aproximadamente)
✓ Sal a gosto
✓ Pimenta-do-reino preta em pó Kitano® a gosto
✓ 500 g de carne moída

Preparo
Coloque o trigo para quibe em um recipiente, cubra com a água e deixe de molho por 3 horas. Feito isso, coloque o trigo em um pano limpo e esprema até retirar toda a água. Reserve. No liquidificador, bata a cebola, a hortelã, o sal e a pimenta-do-reino. Reserve. Em outro refratário, junte a mistura de temperos, o trigo e a carne moída, misturando bem. Aqueça a air fryer a 180ºC. Enquanto isso, modele os quibes com a massa obtida. Por fim, coloque os quibes no cesto da fritadeira e leve-os para assar por cerca de 15 minutos, virando-os na metade do tempo para fritarem por igual dos dois lados. Sirva em seguida.

Quibe de Abóbora

Por Britânia
Rendimento: 6 porções
Grau de dificuldade: Fácil
Tempo de preparo: 45 minutos

Ingredientes
✓ ½ xícara (de chá) de trigo para quibe
✓ ½ xícara (de chá) de água
✓ ½ xícara (de chá) de coalhada seca
✓ ¼ de xícara (de chá) de nozes picadas
✓ 500 g de purê de abóbora
✓ 1 cebola picada
✓ 1 colher (de sopa) de pimenta síria
✓ 2 colheres (de sopa) de folhas de hortelã picadas
✓ Sal a gosto

Preparo
Coloque o trigo para quibe em um recipiente, cubra com a água e deixe hidratar por 2 horas. À parte, misture a coalhada seca com as nozes picadas. Então, em um refratário, misture o purê de abóbora, a cebola, o trigo para quibe hidratado, a pimenta síria, a hortelã e o sal. Feito isso, coloque metade do preparo de abóbora em uma travessa, distribua a coalhada com nozes por cima e finalize com o restante da mistura de abóbora. Decore a superfície, fazendo linhas diagonais com uma faca. Por fim, leve o quibe para assar na air fryer, a 180ºC, por cerca de 15 minutos, ou até dourar.

Quibe de Abóbora com Carne Moída

Por Ana Regina Bonifácio (Personal Chef que atende pelo GetNinjas)
Rendimento: 4 a 6 porções
Grau de dificuldade: Fácil
Tempo de preparo: 50 minutos

Ingredientes
- 100 g de trigo para quibe
- Água (o necessário)
- Sal e pimenta-do-reino a gosto
- 50 g de hortelã
- Suco de ½ limão
- 300 g de abóbora japonesa sem casca e cozida
- 350 g de carne moída
- 50 g de cebola
- 15 g de alho
- Salsinha e cebolinha a gosto
- Azeite (para untar e pincelar)

Preparo
Coloque o trigo para quibe em um recipiente, cubra com água e deixe de molho por 30 minutos. Feito isso, escorra a água e esprema bem o trigo para retirar todo o líquido. Em outro refratário, coloque o trigo e tempere-o com o sal, a pimenta-do-reino, a hortelã e o suco de limão. À parte, amasse a abóbora cozida até formar um purê e junte ao trigo temperado. Reserve. Em uma panela, refogue a carne moída com a cebola, o alho e o sal. Por último, acrescente a salsinha e a cebolinha. Então, unte o cesto da air fryer com azeite, coloque metade da mistura de abóbora, cubra com a carne e finalize com o restante da abóbora. Faça cortes diagonais na superfície do quibe e pincele um fio de azeite por cima. Leve para assar na air fryer, a 180ºC, por cerca de 5 minutos ou até dourar. Sirva em seguida.

Quiche de Bacon e Queijo

Por Receitas Mondial
Rendimento: 8 porções
Grau de dificuldade: Médio
Tempo de preparo: 30 minutos

Ingredientes da Massa
- 1 e ½ xícara (de chá) de farinha de trigo
- 1/3 de xícara (de chá) de manteiga com sal
- 1 colher (de sopa) de fermento em pó
- ½ xícara (de chá) de água gelada
- Sal a gosto
- Manteiga (para untar)
- Farinha de trigo (para enfarinhar)

Ingredientes da Cobertura
- 100 g de bacon cortado em cubos
- 4 ovos
- 480 g de creme de leite
- 150 g de queijo parmesão ralado
- Manjericão a gosto

Preparo
Frite o bacon até dourar. Retire do fogo e reserve sobre papel-toalha. Para fazer a massa, em um recipiente, misture a farinha de trigo, a manteiga, o fermento em pó, a água e o sal. Misture bem até a massa ficar homogênea, mas ainda quebradiça. Feito isso, coloque a massa em uma forma untada e enfarinhada, e, com as pontas dos dedos, abra a massa até forrar o fundo e as laterais da forma. Reserve. Para preparar a cobertura, misture os ovos, o creme de leite, parte do queijo parmesão ralado, parte do bacon e o manjericão. Despeje a mistura sobre a massa da forma, cubra com um pouco de queijo parmesão ralado e de bacon, e asse na air fryer, a 200ºC, por cerca de 20 minutos.

Quiche de Frango

Por Receitas Nestlé
Rendimento: 12 porções
Grau de dificuldade: Médio
Tempo de preparo: 50 minutos

Ingredientes

✓ 2 xícaras (de chá) de farinha de trigo
✓ 100 g de manteiga com sal gelada
✓ 1 gema
✓ Água (o necessário)
✓ 1 e ½ xícara (de chá) de frango desfiado
✓ ½ colher (de sopa) de suco de limão
✓ 1 colher (de sopa) de Maggi® Fondor
✓ 2 ovos
✓ 3 colheres (de sopa) de creme de leite Nestlé®
✓ 2 colheres (de sopa) de mostarda
✓ 3 colheres (de sopa) de cebolinha picada

Preparo

Em um recipiente, coloque a farinha de trigo, a manteiga, a gema e a água. Com as pontas dos dedos, mexa bem até obter uma massa homogênea. Leve a massa para descansar na geladeira por 20 minutos. Em seguida, uma superfície enfarinhada, abra a massa até obter um disco com 22 cm de diâmetro.

À parte, misture o frango com o suco de limão e metade do Maggi® Fondor. Preaqueça a air fryer a 180ºC. Enquanto isso, bata os ovos levemente com o creme de leite, a mostarda e o restante do tempero pronto em pó para aves e peixes. Despeje a mistura na forma de quiche, cubra com o frango desfiado e com a cebolinha. Coloque a forma no cesto da air fryer, ajuste o timer para cerca de 30 minutos e asse até que a quiche esteja dourada e macia. Sirva em seguida.

Veja esta e outras receitas em:
www.receitasnestle.com.br

Risoto Caipira de Linguiça e Bacon

Por Chef Luis Henrique Nicolette (Pomarola/Cargill)
Rendimento: 4 porções
Grau de dificuldade: Médio
Tempo de preparo: 50 minutos

Ingredientes

- ✓ 50 g de cebola roxa picada
- ✓ 10 g de alho picado
- ✓ 350 g de arroz arbóreo
- ✓ 100 g de bacon cortado em cubos
- ✓ 100 g de linguiça fresca picada
- ✓ 40 ml de vinho branco seco
- ✓ 1 tablete de caldo de legumes dissolvido em 650 ml de água
- ✓ 150 g de molho de tomate Pomarola® Tradicional
- ✓ 10 g de manteiga sem sal
- ✓ 150 g queijo parmesão ralado
- ✓ Folhas de manjericão fresco a gosto
- ✓ Sal e pimenta-do-reino a gosto

Preparo

No cesto da air fryer, coloque a cebola, o alho, o arroz arbóreo, o bacon, a linguiça, o vinho, parte do caldo de legumes e o molho de tomate. Leve o risoto para cozinhar na air fryer, a 180ºC, por cerca de 35 minutos. De tempo em tempo, retire o cesto da fritadeira e mexa o risoto, adicionando mais caldo de legumes sempre que necessário. Quando o arroz cozinhar e o risoto estiver cremoso, retire da air fryer e junte a manteiga, o queijo parmesão ralado, o manjericão, o sal e a pimenta-do-reino, mexendo rapidamente até derreter e incorporar. Sirva em seguida.

Rocambole de Carne Moída

Por Receitas Mondial
Rendimento: 8 porções
Grau de dificuldade: Médio
Tempo de preparo: 45 minutos

Ingredientes do Rocambole

- ✓ 1,5kg de carne moída
- ✓ 1 colher (de sopa) de cebola picada
- ✓ 4 dentes de alho triturados
- ✓ ½ xícara (de chá) de água
- ✓ 1 xícara (de chá) de pão picado
- ✓ Salsa e cebolinha picadas a gosto
- ✓ Sal a gosto
- ✓ Pimenta-do-reino a gosto
- ✓ 1 colher (de chá) de azeite

Ingredientes do Recheio

- ✓ 100 g de queijo muçarela cortado em fatias
- ✓ 1 calabresa defumada picada
- ✓ 100 g de cenoura cortada em tiras
- ✓ 100 g de vagem cortada em tiras

Preparo

Para fazer o rocambole, em um recipiente, misture a carne moída, a cebola, o alho, a água, o pão picado, a salsa, a cebolinha, o sal, a pimenta-do-reino e o azeite até incorporar bem. Então, abra a massa obtida em uma assadeira forrada com papel-alumínio e recheie com a muçarela, a calabresa, a cenoura e a vagem. Enrole o rocambole e embrulhe com o papel-alumínio. Leve o rocambole para assar na air fryer, a 160ºC, por cerca de 30 minutos, ou até dourar. Na metade do tempo, vire o rocambole para dourar por igual de todos os lados. Sirva em seguida.

Salpicão na Cestinha de Pastel

Por Jucenha (Para Multi)
Rendimento: 20 unidades pequenas
Grau de dificuldade: Fácil
Tempo de preparo: 30 minutos

Ingredientes
- 300 g de palmito em conserva
- ¾ de xícara (de chá) de cenoura ralada
- 2/3 de xícara (de chá) alho-poró picado
- 2/3 de xícara (de chá) de milho em conserva
- ¼ de xícara (de chá) de azeitona verde picada
- ¼ de xícara (de chá) de uva-passa branca (opcional)
- 200 g de maionese (aproximadamente)
- Sal e pimenta-do-reino a gosto
- Massa de pastel pronta (o suficiente)
- Batata palha (para decorar)

Preparo
Desfie o palmito com o auxílio de um garfo. Em seguida, em um recipiente, misture o palmito, a cenoura, o alho-poró, o milho, a azeitona e a uva-passa branca. Adicione a maionese aos poucos, misturando com o auxílio de uma colher até incorporar todos os ingredientes. Reserve na geladeira. Em forminhas de silicone para empada, molde a massa de pastel, coloque no cesto da air fryer e leve para assar a 180ºC por cerca de 5 a 10 minutos, ou até dourar. Retire as cestinhas da fritadeira, preencha-as com o salpicão e polvilhe a batata palha por cima. Sirva em seguida.

Snack de Farfalle

Por Barilla
Rendimento: 6 porções
Grau de dificuldade: Fácil
Tempo de preparo: 1 hora e 20 minutos

Ingredientes
- 500 g de Farfalle Barilla®
- Água fervente (o necessário)
- Sal a gosto
- 100 ml de azeite
- 2 colheres (de sopa) de tempero de sua preferência (lemon pepper, páprica picante, pimenta-do-reino, páprica defumada, sal defumado e/ou flor de sal)
- Sal a gosto
- Molho de sua preferência (para servir)

Preparo
Em uma panela, cozinhe a massa em água fervente e sal pelo dobro do tempo indicado na embalagem. Feito isso, escorra a água e disponha a massa sobre um pano ou papel-toalha para remover o excesso de líquido. À parte, em uma panela, misture o azeite com os temperos de sua preferência e junte a massa cozida, misturando até incorporar bem. Enquanto isso, preaqueça a air fryer a 170ºC por 15 minutos. Então, divida a massa em três porções e acomode-as em recipientes separados. Leve a primeira porção para assar na air fryer 20 minutos para assar. Retire do aparelho, mexa os Farfalles e retorne-os por mais 10 minutos. Retire a massa da fritadeira e coloque sobre papel-toalha por cerca de 25 minutos para absorver o azeite. Repita o processo com as outras duas porções. Por fim, sirva com o molho de sua preferência.

Dica: Armazene os snacks em sacos plásticos herméticos ou em potes com tampas para mantê-los crocantes.

Snack de Grão-de-bico

Por Arno
Rendimento: 4 porções
Grau de dificuldade: Fácil
Tempo de preparo: 20 minutos

Ingredientes
- 300 g de grão-de-bico cozido e escorrido
- 1 colher (de sopa) de azeite
- 1 colher (de chá) de alho em pó
- 1 colher (de chá) de páprica picante
- 1 colher (de sopa) de salsinha desidratada
- ½ colher (de chá) de cominho em pó
- Sal e pimenta-do-reino a gosto

Preparo
Preaqueça a air fryer a 180ºC. Em um recipiente, misture o grão-de-bico cozido com o azeite, o alho em pó, a páprica picante, a salsinha desidratada, o cominho em pó, o sal e a pimenta-do-reino. Feito isso, coloque o grão-de-bico temperado no cesto da air fryer e asse por cerca de 10 minutos, mexendo de vez em quando para dourar por igual.

Sobrecoxa Assada com Limão e Salada de Risoni

Por Sadia
Rendimento: 5 porções
Grau de dificuldade: Fácil
Tempo de preparo: 90 minutos

Ingredientes da Sobrecoxa
✓ 1 pacote de sobrecoxa de frango Sadia® Bio descongelada (1 kg)
✓ Suco de 1 limão-siciliano
✓ Raspa de 2 limões-sicilianos
✓ 2 dentes de alho picados
✓ Orégano fresco a gosto
✓ Sal a gosto
✓ Pimenta-do-reino a gosto

Ingredientes da Salada
✓ ¼ xícara (de chá) de azeite
✓ 2 dentes de alho picado
✓ 2 xícaras (de chá) de risoni cozido
✓ 1 xícara (de chá) de tomate-cereja cortado ao meio
✓ 1 xícara (de chá) de muçarela de búfala picada
✓ Sal a gosto
✓ Pimenta-do-reino a gosto
✓ 2 colheres (de sopa) de salsinha picada
✓ Manjericão a gosto

Preparo
Para fazer o frango, em um refratário grande, coloque as sobrecoxas descongeladas e tempere-as com o suco de limão, as raspas de limão, o alho, o orégano, o sal e a pimenta-do-reino. Misture bem e reserve para marinar por 30 minutos. Em seguida, disponha as sobrecoxas no cesto da air fryer e leve para assar a 200ºC por cerca de 30 minutos, ou até o frango cozinhar e a pele ficar dourada. Enquanto isso, prepare a salada. Em uma frigideira pequena, coloque o azeite e o alho picado e leve ao fogo médio até dourar. Disponha o preparo em um refratário e adicione o risoni, o tomate-cereja e a muçarela de búfala, e misture bem. Tempere com sal, pimenta-do-reino, a salsinha e o manjericão. Retire as sobrecoxas da fritadeira e sirva com a salada.

Steak Tartare com Batata Assada

Por Hemmer
Rendimento: 2 porções
Grau de dificuldade: Fácil
Tempo de preparo: 1 hora

Ingredientes da Batata

✓ 2 batatas grandes
✓ Azeite Hemmer® a gosto (para regar a batata)
✓ Alecrim, sal e pimenta-do-reino a gosto

Ingredientes do Steak Tartare

✓ 150 g de filé mignon
✓ 15 g de pepino em conserva Hemmer® picado
✓ 20 g de cebola picada
✓ 15 g de alcaparra Hemmer®
✓ 15 g de catchup Hemmer®
✓ 20 g de mostarda Hemmer®
✓ 5 g de maionese Hemmer®
✓ 15 ml de molho inglês
✓ 3 ml de molho de pimenta
✓ 4 g de salsinha picada
✓ 8 g de cebolinha picada

Preparo

Corte as batatas em fatias grossas e acomode-as no cesto da air fryer. Em seguida, regue-as com o azeite e tempere-as com alecrim, sal e pimenta-do-reino. Leve-as para assar a 200°C por cerca de 15 a 20 minutos, ou até obter o ponto desejado. Enquanto isso, corte a carne com a ponta da faca até ficar bem picadinha. Coloque-a em uma recipiente e deixe em banho-maria, mas com água gelada. Em seguida, acrescente o pepino, a cebola, a alcaparra, o catchup, a mostarda, a maionese, o molho inglês, o molho de pimenta, a salsinha e a cebolinha, misturando delicadamente para incorporar. Retire as batatas da air fryer e sirva com o steak tartare gelado.

Suflê de Legumes

Por Receitas Nestlé
Rendimento: 4 porções
Grau de dificuldade: Médio
Tempo de preparo: 30 minutos

Ingredientes

✓ 2 colheres (de sopa) de manteiga
✓ 1 colher (de sopa) de farinha de trigo
✓ 1 xícara (de chá) de leite quente
✓ 1 colher (de chá) de sal
✓ 1 colher (de chá) de pimenta-do-reino
✓ 1 colher (de chá) de noz-moscada
✓ 3 gemas
✓ 4 colheres (de sopa) de queijo parmesão ralado
✓ 1 lata de seleta de legumes
✓ 3 claras

Preparo

Em uma panela, em fogo baixo, derreta a manteiga e doure a farinha de trigo, mexendo bem para não formar grumos. Junte o leite quente, o sal, a pimenta-do-reino, a noz-moscada e as gemas, mexendo até engrossar levemente. Retire do fogo, junte o queijo parmesão ralado e misture bem. Então, acrescente a seleta de legumes e misture. Reserve. À parte, em uma batedeira, bata as claras em neve e junte ao preparo de legumes, mexendo delicadamente. Feito isso, divida a massa em refratários pequenos (ou em um refratário grande) e asse na air fryer, a 160°C, por cerca de 10 minutos, ou até que os suflês cresçam e fiquem dourados. Sirva em seguida.

Veja esta e outras receitas em:
www.receitasnestle.com.br

Suflê de Legumes
página 108

Tartine de Legumes Grelhados com Maionese

Por Hemmer
Rendimento: 2 porções
Grau de dificuldade: Fácil
Tempo de preparo: 30 minutos

Ingredientes
- ¼ de maço de brócolis ninja
- ½ pimentão vermelho
- 4 rabanetes
- ½ xícara (de chá) de abóbora japonesa cortada em cubos médios
- Azeite Hemmer® a gosto
- Sal e pimenta-do-reino a gosto
- 4 fatias de pão italiano
- ½ xícara (de chá) de maionese Hemmer®

Preparo
Corte o brócolis em floretes pequenos. Reserve. Retire as sementes do pimentão e corte-o em quadrados de 2 cm. Reserve. Corte os rabanetes em pequenas fatias. Feito isso, misture o brócolis, o pimentão, o rabanete e a abóbora, tempere-os com o azeite, o sal e a pimenta-do-reino e leve-os para assar na air fryer, a 200ºC, por cerca de 10 minutos. Então, retire-os da fritadeira, mexa-os e asse-os por mais 10 minutos. Retire do aparelho. Em seguida, coloque as fatias de pão na air fryer, regue-as com azeite e deixe dourar por 5 minutos a 180ºC. Por fim, disponha as torradas em um prato, distribua a maionese por cima e cubra com os legumes grelhados. Sirva em seguida.

Tilápia à Romana

Por Britânia
Rendimento: 2 porções
Grau de dificuldade: Fácil
Tempo de preparo: 30 minutos

Ingredientes
- 2 filés de tilápia
- Suco de limão a gosto
- Sal a gosto
- Pimenta-do-reino a gosto
- Farinha de trigo (para empanar)
- 1 ovo levemente batido (para empanar)
- Queijo parmesão ralado (para empanar)

Preparo
Tempere a tilápia com o suco de limão, o sal e a pimenta-do-reino, misturando bem para incorporar. Em seguida, passe os filés na farinha de trigo, no ovo e, por último, no queijo parmesão ralado. Por fim, acomode o peixe no cesto da air fryer e leve para assar a 180ºC por cerca de 20 minutos, ou até dourar.

Terrine com Pesto e Tomate Confit

Por Receitas Mondial
Rendimento: 2 porções
Grau de dificuldade: Médio
Tempo de preparo: 45 minutos

Ingredientes do Tomate Confit
- 200 g de tomate-cereja
- 3 dentes de alho
- Azeite (o necessário)
- Sal a gosto
- Pimenta-do-reino a gosto

Ingredientes da Terrine
- 240 g de ricota
- 125 g de cream cheese
- Sal a gosto
- Pimenta-do-reino a gosto

Ingredientes do Pesto
- Folhas frescas de manjericão a gosto
- 100 g de queijo parmesão ralado
- 100 g de amendoim
- 1 dente de alho
- ½ xícara (de chá) de azeite
- Sal a gosto
- Pimenta-do-reino a gosto

Preparo
Para fazer o tomate confit, coloque os tomates-cereja e os dentes de alho em uma travessa. Regue com o azeite, tempere com sal e pimenta, e leve para assar na air fryer a 200ºC por 20 minutos. Enquanto isso, faça a terrine. Para isso, no mixer, bata a ricota, o cream cheese, o sal e a pimenta-do-reino. Reserve. Em seguida, também no mixer, bata as folhas de manjericão, o queijo parmesão ralado, o amendoim, o alho, o azeite, o sal e a pimenta-do-reino até formar o molho pesto. Então, forre uma travessa com plástico-filme, coloque metade da terrine, cubra com o molho pesto e finalize com a terrine. Cubra o preparo com o plástico-filme e leve à geladeira por 2 horas. Por fim, desenforme a terrine em um prato e cubra com o tomate confit.

Tomate Recheado

Por Britânia
Rendimento: 3 unidades
Grau de dificuldade: Médio
Tempo de preparo: 45 minutos

Ingredientes
- 3 tomates médios
- 3 dentes de alho amassados
- 3 colheres (de sopa) de cebola picada
- Azeite a gosto
- 3 colheres (de sopa) de champignon fatiado
- 6 colheres (de sopa) de peito de frango cozido e desfiado
- 3 colheres (de sopa) de requeijão cremoso
- Sal e pimenta-do-reino a gosto

Preparo
Corte a "tampa" dos tomates e retire as sementes. Reserve. Para preparar o recheio, em uma panela, doure o alho e a cebola com o azeite. Depois, acrescente o champignon e o frango desfiado. Por último, adicione o requeijão cremoso e tempere com o sal e a pimenta. Então, preencha os tomates com o recheio e coloque-os no cesto da air fryer, deixando uma distância entre eles. Por fim, asse os tomates na air fryer, a 180ºC, por cerca de 20 minutos, ou até dourar.

Torta de Liquidificador

Por Chef Luis Henrique Nicolette (Pomarola/Cargill)
Rendimento: 4 porções
Grau de dificuldade: Fácil
Tempo de preparo: 40 minutos

Ingredientes da Massa
- 100 g de requeijão cremoso
- 250 g de molho de tomate Pomarola® Tradicional
- 1 ovo
- 50 g de manteiga sem sal
- 100 g de queijo parmesão ralado
- Sal a gosto
- 160 g de farinha de trigo
- 5 g de fermento em pó

Ingredientes do Recheio
- 1 lata de atum sólido em água
- 100 g de milho-verde em conserva
- 100 g de ervilha em conserva
- 50 g de palmito em conserva picado
- 50 g de azeitona preta sem caroço e fatiada
- Orégano a gosto
- Salsa picada a gosto

Preparo
Para fazer a massa, coloque no liquidificador o requeijão, o molho de tomate, o ovo, a manteiga, o queijo parmesão ralado, o sal, a farinha de trigo e o fermento em pó. Bata por 1 minuto no modo pulsar. Feito isso, despeje metade da massa no cesto da air fryer, distribua os ingredientes do recheio previamente misturados por cima, e finalize com o restante da massa. Asse a torta na air fryer a 200ºC por cerca de 30 minutos, ou até dourar. Deixa esfriar e sirva.

Tulipa de Frango Apimentada

Por Ana Regina Bonifácio (Personal Chef que atende pelo GetNinjas)
Rendimento: 4 a 6 porções
Grau de dificuldade: Fácil
Tempo de preparo: 1 hora e 30 minutos

Ingredientes
- Azeite a gosto
- 1 cebola picada
- 5 dentes de alho
- 1 pimenta dedo-de-moça
- 1 colher (de café) de páprica picante
- 1 colher (de café) de páprica doce
- 1 colher (de café) de sal
- Pimenta-do-reino a gosto
- 500 g de tulipa de frango
- 1 colher (de sopa) de manteiga sem sal

Preparo
Bata no liquidificador o azeite, a cebola, o alho, a pimenta dedo-de-moça, as pápricas picante e doce, o sal e a pimenta-do-reino até obter uma pasta. Reserve. Feito isso, coloque as tulipas em um recipiente, misture com a pasta de temperos obtida, cubra com plástico-filme e deixe marinar por 30 minutos. Feito isso, disponha as tulipas no cesto da air fryer, adicione a manteiga e deixe assar a 200ºC por cerca de 40 minutos, virando-as na metade do tempo para que dourem por igual. Retire as tulipas do aparelho e sirva em seguida.

Tulipa de Frango Apimentada
página 112

Receitas Doces

Abacaxi Frito com Mel

Por NutriU/Philips Walita
Rendimento: 4 porções
Grau de dificuldade: Fácil
Tempo de preparo: 12 minutos

Ingredientes
✓ 1 abacaxi
✓ 2 colheres (de sopa) de mel
✓ 1 colher (de sopa) de suco de limão
✓ 2 colheres (de sopa) de coco ralado (para polvilhar)

Preparo
Corte o abacaxi ao meio no sentido do comprimento. Em seguida, descasque-o e retire o miolo duro. Então, corte cada metade em quatro partes no sentido do comprimento. À parte, misture o mel e o suco de limão. Feito isso, pincele as fatias de abacaxi com a mistura do mel e acomode-as no cesto da air fryer. Polvilhe o coco por cima e asse os pedaços de abacaxi a 180ºC por cerca de 12 minutos.

Banana Crocante

Por Gaabor
Rendimento: 2 porções
Grau de dificuldade: Fácil
Tempo de preparo: 25 minutos

Ingredientes

- 4 bananas-nanicas
- Amido de milho (para empanar)
- 1 ovo levemente batido (para empanar)
- Farinha de rosca (para empanar)
- Leite condensado ou calda de chocolate (opcional)

Preparo

Descasque as bananas e corte-as em fatias. Em seguida, passe-as no amido de milho, no ovo batido e, por fim, na farinha de rosca. Coloque os pedaços de banana no cesto da air fryer e asse-os a 180ºC por cerca de 10 minutos, ou até dourar. Se preferir, sirva com leite condensado ou calda de chocolate.

Banana-da-terra com Açúcar e Canela

Por Ana Regina Bonifácio (Personal Chef que atende pelo GetNinjas)
Rendimento: 2 porções
Grau de dificuldade: Fácil
Tempo de preparo: 25 minutos

Ingredientes
- ✓ 1 xícara (de chá) de açúcar demerara ou mascavo
- ✓ 1 colher (de sopa) de canela em pó
- ✓ 1 colher (de sopa) de manteiga (para untar)
- ✓ 2 bananas-da-terra cortadas ao meio no sentido do comprimento

Preparo
Em um recipiente, misture o açúcar e a canela. Então, unte o cesto da air fryer com a manteiga, disponha as fatias de banana e peneire o açúcar com a canela por cima. Leve para assar na air fryer, a 180°C, por 5 minutos, ou até dourar.

Banana Toast

Por Camponesa
Rendimento: 2 unidades
Grau de dificuldade: Fácil
Tempo de preparo: 12 minutos

Ingredientes
- ✓ Requeijão cremoso Camponesa® a gosto
- ✓ 2 fatias de pão de forma
- ✓ 1 banana madura cortada em rodelas
- ✓ 2 fatias de queijo muçarela Camponesa®
- ✓ Canela em pó a gosto (para polvilhar)

Preparo
Passe o requeijão nas fatias de pão. Coloque as rodelas de banana por cima, cubra com o queijo muçarela e polvilhe a canela em pó. Leve para assar na air fryer a 200°C por cerca de 8 minutos, ou até o queijo derreter.

Bolinho de Banana

Por NutriU/Philips Walita
Rendimento: 6 porções
Grau de dificuldade: Fácil
Tempo de preparo: 11 minutos

Ingredientes
- 120 g de farinha de trigo
- 220 ml de água
- 1 pitada de sal
- 30 g de semente de gergelim
- 4 bananas
- 50 g de coco em flocos
- 100 g de chocolate meio amargo derretido
- 5 g de coco em flocos (para polvilhar)

Preparo

Em um recipiente, misture a farinha de trigo, a água, o sal e as sementes de gergelim até obter uma massa homogênea. Em seguida, retire a casca das bananas e corte cada uma em três pedaços iguais. Feito isso, passe as bananas na massa obtida e, em seguida, no coco em flocos. Então, disponha parte das bananas no cesto da air fryer e asse a 170ºC por 11 minutos, ou até dourar. Repita o processo com o restante das bananas. Por fim, disponha os bolinhos fritos em um refratário, cubra com o chocolate meio amargo derretido e polvilhe o coco ralado por cima.

Bolinho de Banana com Aveia

Por Quaker®
Rendimento: 6 unidades
Grau de dificuldade: Fácil
Tempo de preparo: 15 minutos

Ingredientes
✓ 1 e 1/3 de xícara (de chá) de aveia em flocos Quaker®
✓ 2 ovos
✓ 1 e ½ banana bem madura
✓ 1 colher (de sobremesa) de fermento em pó
✓ 1 colher (de chá) de essência de baunilha
✓ 1 pitada de sal
✓ ½ xícara (de chá) de noz picada (para decorar)
✓ Manteiga (para untar)

Preparo
Bata no liquidificador a aveia em flocos, os ovos, a banana, o fermento em pó, a essência de baunilha e o sal até obter uma massa homogênea. Feito isso, despeje o preparo em forminhas para muffin untadas, preenchendo-as até ¾ do conteúdo. Polvilhe as nozes picadas sobre a massa e leve para assar na air fryer, a 170ºC, por 8 minutos. Espere esfriar e sirva. Importante: A banana deve estar bem madura para ter uma doçura agradável.

Bolinho de Chocolate com Aveia

Por Quaker®
Rendimento: 6 unidades
Grau de dificuldade: Fácil
Tempo de preparo: 15 minutos

Ingredientes
- 2 e 2/3 de xícara (de chá) de farinha de aveia integral Quaker®
- 2 ovos
- ½ xícara (de chá) de leite
- 3 colheres (de sopa) de café solúvel
- 2 colheres (de sopa) de cacau em pó
- 3 colheres (de sopa) de açúcar de sua preferência
- 1 colher (de sopa) de essência de baunilha
- ½ colher (de sopa) de fermento em pó
- ¼ colher (de chá) de bicarbonato de sódio
- 1 pitada de sal
- ½ xícara (de chá) de chocolate amargo em pedaços
- ½ xícara (de chá) de noz-pecã picada (para decorar)

Preparo
Em um recipiente, bata a farinha de aveia integral, os ovos, o leite, o café solúvel, o cacau em pó, o açúcar, a essência de baunilha, o fermento, em pó, o bicarbonato de sódio e sal até obter uma mistura homogênea. Feito isso, adicione os pedaços de chocolate e misture-os à massa. Então, despeje o preparo em forminhas individuais, preenchendo ¾ das forminhas. Por último, polvilhe a noz-pecã por cima. Leve os bolinhos para assar na air fryer, a 170ºC, por 7 minutos. Deixe esfriar e sirva.

Bolinho de Chuva

Por NutriU/Philips Walita
Rendimento: 4 porções
Grau de dificuldade: Fácil
Tempo de preparo: 8 minutos

Ingredientes
- 125 g de farinha de trigo
- 1 colher (de chá) de fermento em pó
- 125 g de queijo coalho picado
- 1 ovo grande
- 50 g de açúcar
- 1 pitada de sal
- 1 colher (de chá) de essência de baunilha
- 10 g de manteiga sem sal
- 10 g de açúcar de confeiteiro
- Manteiga (para untar)

Preparo
Em um recipiente, misture a farinha de trigo com o fermento em pó. Em outro refratário, misture o queijo coalho com o ovo, o açúcar, o sal e a essência de baunilha. Então, junte a farinha de trigo com a mistura do queijo e misture até formar uma massa grudenta. Em seguida, modele bolinhas com a massa e disponha-as no cesto da air fryer untado, deixando um espaço entre elas. Por fim, asse as bolinhas a 170ºC por cerca de 8 minutos, ou até ficarem douradas e totalmente cozidas.

Bolinho de Chuva
página 120

Bolinho de Paçoca

Por Jucenha (Para Multi)
Rendimento: 12 unidades
Grau de dificuldade: Fácil
Tempo de preparo: 30 minutos

Ingredientes do Bolinho
- 1 e ¼ de xícara (de chá) de leite
- 1/3 de xícara (de chá) de óleo
- ¾ de xícara (de chá) de açúcar
- 1 colher (de sopa) rasa de vinagre
- 2 xícaras (de chá) de farinha de trigo peneirada
- 4 a 5 paçocas esfareladas
- 1 colher (de sopa) rasa de fermento em pó

Ingredientes da Calda
- 1 xícara (de chá) de leite de sua preferência
- 1 colher (de sopa) rasa de amido de milho
- 4 a 5 unidades de paçoca esfarelada
- 1 colher (de sopa) de açúcar
- Paçoca esfarelada (para decorar)

Preparo
Para fazer os bolinhos, em um recipiente, misture o leite, o óleo, o açúcar e o vinagre até incorporar bem. Então, adicione a farinha de trigo e a paçoca, e misture até formar uma massa homogênea. Por fim, adicione o fermento em pó e misture novamente. Despeje a massa em forminhas de silicone para empada e leve-as para assar na air fryer, preaquecida a 180Cº, por cerca de 15 minutos, ou até dourar. Enquanto isso, coloque o leite, o amido de milho, a paçoca esfarelada e o açúcar em uma panela e misture bem até formar uma mistura homogênea. Então, ligue o fogo médio e mexa sem parar por alguns minutos, até a calda engrossar. Por fim, retire os bolinhos da air fryer, cubra-os com a calda e decore com a paçoca esfarelada.

Bolo de Banana Fit

Por Gaabor
Rendimento: 2 porções
Grau de dificuldade: Fácil
Tempo de preparo: 30 minutos

Ingredientes
- 3 bananas maduras
- 2 ovos
- 1 xícara (de chá) de aveia
- 1 colher (de sopa) de cacau em pó
- 1 colher (de sopa) de fermento em pó
- Manteiga (para untar)
- Aveia (para polvilhar)

Preparo
Com o auxílio de um garfo, amasse 2 e ½ bananas até virar um purê. Em seguida, adicione os ovos, a aveia, o cacau em pó e o fermento em pó, misturando bem até formar uma massa. Despeje o preparo em uma assadeira untada e polvilhada com aveia e cubra com ½ banana fatiada. Leve o bolo para assar na air fryer, a 180ºC, por cerca de 20 minutos.

Bolo de Caneca de Chocolate

Por NutriU/Philips Walita
Rendimento: 2 porções
Grau de dificuldade: Fácil
Tempo de preparo: 15 minutos

Ingredientes
- 4 colheres (de sopa) de farinha de trigo
- 4 colheres (de sopa) de açúcar
- 3 colheres (de sopa) de cacau em pó
- 4 colheres (de sopa) de leite
- 3 colheres (de sopa) de creme de chocolate com avelã
- ¼ de colher (de chá) de fermento em pó
- 1 ovo
- 1 pitada de canela em pó

Preparo
Em um recipiente, coloque todos os ingredientes e misture bem até formar uma massa homogênea. Feito isso, despeje o preparo em canecas resistentes ao calor, ou forminhas para muffin. Asse os bolos na air fryer, a 160ºC, por 15 minutos, ou até dourar. Sirva ainda quentes.

Bolo de Cenoura

Por Gaabor
Rendimento: 6 porções
Grau de dificuldade: Fácil
Tempo de preparo: 40 minutos

Ingredientes
✓ 1 xícara (de chá) de farinha de trigo
✓ ½ colher (de sopa) de fermento em pó
✓ 2 ovos
✓ ¼ de xícara (de chá) de óleo
✓ 1 cenoura média picada
✓ 1 xícara (de chá) de açúcar
✓ Manteiga (para untar)
✓ Farinha de trigo (para enfarinhar)

Preparo
Peneire a farinha de trigo e o fermento em pó e reserve. À parte, bata no liquidificador os ovos, o óleo, a cenoura e o açúcar até obter uma mistura homogênea. Coloque o preparo em um recipiente, junte a farinha e o fermento em pó, e misture bem. Despeje a massa em uma forma untada e enfarinhada, acomode-a no cesto da air fryer, e asse o bolo na fritadeira, preaquecida a 180ºC, por cerca de 20 a 25 minutos, ou até o bolo dourar.

Bolo de Cenoura com Farinha de Amêndoa e Ganache de Chocolate

Por Ana Regina Bonifácio (Personal Chef que atende pelo GetNinjas)
Rendimento: 4 a 6 porções
Grau de dificuldade: Fácil
Tempo de preparo: 50 minutos

Ingredientes do Bolo
- ½ xícara (de chá) de óleo
- 2 ovos
- ½ xícara (de chá) de açúcar demerara ou 1 colher (de sopa) de adoçante culinário para forno e fogão
- 1 e ½ cenoura cortada em cubos
- 1 xícara (de chá) de farinha de amêndoa
- 1 colher (de chá) de fermento em pó
- Manteiga (para untar)
- Farinha de amêndoa (para enfarinhar)

Ingredientes da Ganache
- 90 g de chocolate meio amargo picado
- 1 xícara (de chá) de creme de leite fresco

Preparo
Para fazer o bolo, bata no liquidificador o óleo, os ovos, o açúcar e a cenoura até obter uma textura homogênea. Em seguida, despeje o preparo em um recipiente e adicione a farinha de amêndoa, misturando bem. Por último, acrescente o fermento em pó e mexa delicadamente de baixo para cima. Deseje a massa no cesto da air fryer, untado e enfarinhado, e leve o bolo para assar a 180ºC por cerca de 30 minutos, ou até dourar. Para preparar a ganache, derreta o chocolate meio amargo em banho-maria ou no micro-ondas. Em seguida, adicione o creme de leite, misturando até formar um creme homogêneo. Por fim, desenforme o bolo e cubra-o com a ganache.

Bolo de Chocolate

Por Britânia
Rendimento: 6 porções
Grau de dificuldade: Fácil
Tempo de preparo: 30 minutos

Ingredientes
- ✓ 200 ml de água fervente
- ✓ 160 g de achocolatado em pó
- ✓ 160 g de açúcar
- ✓ 2 ovos
- ✓ 100 ml de óleo
- ✓ 20 ml de essência de baunilha
- ✓ 180 g de farinha de trigo
- ✓ 5 g de fermento em pó
- ✓ Manteiga (para untar)
- ✓ Farinha de trigo (para enfarinhar)

Preparo
Preaqueça a air fryer a 200ºC por 8 minutos. Enquanto isso, em um recipiente, misture a água e o achocolatado em pó. Em seguida, acrescente o açúcar, os ovos, o óleo, a essência de baunilha e a farinha de trigo, e misture até formar uma massa homogênea. Por último, adicione o fermento em pó, mexendo delicadamente. Despeje a massa em uma assadeira untada e enfarinhada, coloque-a no cesto da air fryer e leve-a à fritadeira a 180ºC por cerca de 17 minutos, ou até assar. Retire do forno, deixe amornar e desenforme.

Bolo de Chocolate com Cobertura

Por Arno
Rendimento: 4 porções
Grau de dificuldade: Fácil
Tempo de preparo: 20 minutos

Ingredientes da Massa
- 1 xícara (de chá) de óleo
- 1 xícara (de chá) de leite
- 3 ovos
- 2 e ½ xícaras (de chá) de farinha de trigo
- 1 e ½ xícara (de chá) de açúcar
- ½ xícara (de chá) de chocolate em pó
- 1 colher (de sopa) de fermento em pó

Ingredientes da Cobertura
- ½ xícara (de chá) de chocolate em pó
- 1 xícara (de chá) de açúcar
- 2 colheres (de sopa) de manteiga sem sal
- ½ xícara (de chá) de leite

Preparo
Preaqueça a air fryer a 160ºC. Enquanto isso, coloque todos os ingredientes da massa em um recipiente e bata com o auxílio de um batedor manual de arame até obter uma massa homogênea. Despeje a massa em uma forma redonda de orifício central (19 cm de diâmetro) alta, untada e enfarinhada, e que caiba no cesto da air fryer. Coloque a forma no cesto da fritadeira, ajuste o timer para 20 minutos, e asse o bolo até crescer e ficar firme. Retire da air fryer, deixe amornar e desenforme. Reserve. Para fazer a cobertura, em uma panela, misture todos os ingredientes e leve ao fogo médio por cerca de 10 minutos, mexendo sempre até engrossar. Por fim, despeje a cobertura sobre o bolo e sirva.

Bolo de Fubá

Por General Mills – Kitano
Rendimento: 4 porções
Grau de dificuldade: Médio
Tempo de preparo: 35 minutos

Ingredientes
✓ 1 xícara (de chá) de leite
✓ 1 xícara (de chá) de fubá
✓ 1 xícara (de chá) de açúcar
✓ 1 ovo
✓ 1 pitada de sal
✓ 2 colheres (de sopa) de manteiga sem sal
✓ 1 xícara (de chá) de farinha de trigo
✓ 1 colher (de sopa) de fermento em pó
✓ 1 colher de (de sopa) de coentro em pó Kitano®
✓ Manteiga (para untar)
✓ Farinha de trigo (para enfarinhar)

Preparo
Bata no liquidificador o leite, o fubá, o açúcar, o ovo, o sal, a manteiga, a farinha de trigo e o fermento até obter uma mistura homogênea. Se desejar um sabor diferente, adicione o coentro em pó. Despeje a massa em uma forma redonda de orifício central (19 cm de diâmetro), untada e enfarinhada, e acomode-a sobre o cesto da air fryer. Leve o bolo para assar na air fryer preaquecida a 180ºC por cerca de 30 minutos, ou até dourar. Desligue o aparelho, retire o bolo e deixe amornar antes de desenformar.

Bolo de Fubá Cremoso

Por Receitas Mondial
Rendimento: 3 a 4 porções
Grau de dificuldade: Médio
Tempo de preparo: 45 minutos

Ingredientes
✓ 1 xícara (de chá) de leite
✓ 1 ovo
✓ 2/3 de xícara (de chá) de açúcar
✓ 1/3 de xícara (de chá) de fubá
✓ 1 colher (de sopa) de farinha de trigo
✓ 1 colher (de sopa) de manteiga ou margarina sem sal
✓ 1 colher (de sopa) de queijo parmesão ralado
✓ 1 colher (de sopa) de coco ralado
✓ 1 pitada de sal
✓ 1 colher (de chá) de fermento em pó
✓ Manteiga (para untar)
✓ Farinha de trigo (para enfarinhar)

Preparo
Bata no liquidificador o leite, o ovo, o açúcar, o fubá, a farinha de trigo, a manteiga, o queijo parmesão ralado, o coco ralado, o sal e o fermento em pó até obter uma massa homogênea. Despeje o preparo em uma forma redonda com orifício central (19 cm de diâmetro), untada e enfarinhada, coloque sobre o cesto da air fryer e asse a 180ºC por cerca de 30 a 35 minutos, ou até dourar.

Bolo de Laranja

Por Britânia
Rendimento: 8 porções
Grau de dificuldade: Fácil
Tempo de preparo: 1 hora

Ingredientes
✓ 2 ovos
✓ ¼ de xícara (de chá) de óleo
✓ ½ xícara (de chá) de suco de laranja
✓ 1 xícara (de chá) de açúcar
✓ 1 e ½ xícara (de chá) de farinha de trigo
✓ 2 colheres (de chá) de fermento em pó
✓ Margarina (para untar)
✓ Farinha de trigo (para enfarinhar)

Preparo
Em um recipiente, coloque os ovos, o óleo e o suco de laranja. Misture com um batedor manual de arame, junte o açúcar e bata bem. Então, acrescente a farinha de trigo e o fermento em pó, mexendo até obter uma massa lisa e homogênea. Despeje a massa em uma forma redonda de orifício central (22 cm de diâmetro) untada e enfarinhada, e asse o bolo na air fryer, a 180ºC, por 10 minutos. Depois desse tempo, sem abrir o aparelho, diminua a temperatura da fritadeira para 150ºC e deixe por mais 15 minutos, ou até assar.

Bolo de Fubá Cremoso
página 129

Bolo de Maçã com Cenoura

Por NutriU/Philips Walita
Rendimento: 6 porções
Grau de dificuldade: Fácil
Tempo de preparo: 40 minutos

Ingredientes da Massa
- 200 g de farinha de trigo
- 80 g de açúcar
- 12 g de fermento em pó
- 1 pitada de sal
- 4 ovos
- 120 ml de óleo
- 230 g de cenoura sem casca e ralada
- 120 g de maçã sem casca e ralada
- Farinha de trigo (para enfarinhar)

Ingredientes do Glacê
- 200 g de cream cheese
- 240 g de iogurte grego
- 40 g de amêndoa cortada em lascas

Preparo
Para preparar a massa, em um recipiente, coloque a farinha de trigo, o açúcar, o fermento em pó e o sal. Em seguida, adicione os ovos e o óleo, e, com a batedeira ou com o auxílio de um batedor manual de arame, bata até obter uma massa homogênea. Então, junte a cenoura e a maçã raladas, misturando bem. Despeje a massa em uma forma enfarinhada, coloque-a no cesto da air fryer e leve para assar a 160°C por cerca de 20 minutos, ou até dourar. Para fazer a cobertura, faça um glacê com o cream cheese e o iogurte grego. Quando o bolo esfriar, desenforme-o, cubra-o com o glacê e finalize com as lascas de amêndoa.

Bolo Lava de Chocolate

Por NutriU/Philips Walita
Rendimento: 7 unidades
Grau de dificuldade: Fácil
Tempo de preparo: 21 minutos

Ingredientes
✓ 100 g de farinha de trigo
✓ 1 colher (de chá) de fermento em pó
✓ 100 g de chocolate meio amargo picado
✓ 50 ml de leite
✓ 40 g de manteiga em temperatura ambiente cortada em cubos
✓ 1 ovo
✓ 80 g de açúcar de confeiteiro
✓ Manteiga (para untar)

Preparo
Em um recipiente, peneire a farinha de trigo e o fermento em pó. Reserve. Em seguida, em fogo baixo, derreta o chocolate meio amargo em banho-maria, mexendo sempre. Em seguida, adicione o leite e misture bem até incorporar. Retire a mistura do fogo e acrescente os cubos de manteiga, mexendo formar uma mistura homogênea. À parte, com o auxílio de um batedor manual de arame, bata o ovo com o açúcar de confeiteiro até obter uma consistência cremosa. Então, junte a mistura de ovos ao chocolate derretido e, aos poucos, acrescente a farinha de trigo peneirada com o fermento, misturando sempre para não empelotar. Feito isso, despeje a massa em forminhas para muffin untadas, acomode-as no cesto da air fryer e asse os bolinhos a 180ºC por cerca de 6 minutos. Sirva quente.

Brigadeirão

Por Receitas Nestlé
Rendimento: 12 porções
Grau de dificuldade: Médio
Tempo de preparo:

Ingredientes
- 1 caixa de leite condensado Moça® (395 g)
- 1 lata de creme de leite Nestlé®
- 1 xícara (de chá) de chocolate em pó Dois Frades® Nestlé®
- 4 colheres (de sopa) de açúcar
- 1 colher (de sopa) de manteiga sem sal
- 3 ovos
- Manteiga sem sal (para untar)
- Água morna (o necessário)
- 1 xícara (de chá) de chocolate granulado (para decorar)

Preparo
Preaqueça a air fryer a 160ºC. À parte, em um liquidificador, bata o leite condensado, o creme de leite, o chocolate em pó, o açúcar, a manteiga e os ovos até obter uma mistura homogênea. Despeje o preparo em uma forma redonda com orifício central (18 cm de diâmetro) untada. Coloque a forma dentro de uma assadeira redonda maior (20 cm de diâmetro) preenchida com água morna até a metade. Posicione as duas formas no cesto da air fryer, deslize-as para dentro e deixe assar por cerca de 45 minutos, ou até ficar firme. Desenforme o brigadeirão ainda morno e decore a superfície com o granulado. Leve à geladeira por, pelo menos, 6 horas. Sirva gelado.

Veja esta e outras receitas em:
www.receitasnestle.com.br

Brownie

Por Gaabor
Rendimento: 2 porções
Grau de dificuldade: Médio
Tempo de preparo: 25 minutos

Ingredientes
- 4 ovos
- 2 xícaras (de chá) de açúcar
- 6 colheres (de sopa) de manteiga sem sal
- 2 pitadas de sal
- 1 colher (de chá) de essência de baunilha
- ¾ de xícara (de chá) de achocolatado em pó
- 1 e ¼ de xícara (de chá) de farinha de trigo
- ½ xícara (de chá) de nozes picadas
- Sorvete de creme (para servir)

Preparo
Em um recipiente, misture os ovos e o açúcar. Em seguida, acrescente a manteiga, o sal, a essência de baunilha, o achocolatado em pó, a farinha de trigo e, por último, as nozes, misturando bem até obter uma massa homogênea. Feito isso, despeje o preparo no cesto da air fryer forrada com papel-manteiga e asse a 200ºC por, aproximadamente, 15 a 20 minutos, ou até que a superfície do brownie esteja levemente corada e a massa esteja levemente úmida. Corte quadrados com o brownie ainda quente e sirva com uma bola de sorvete de creme.

Brownie com Avelã e Doce de Leite

Por Camponesa
Rendimento: 6 porções
Grau de dificuldade: Fácil
Tempo de preparo: 35 minutos

Ingredientes
- ½ xícara (de chá) de chocolate meio amargo cortado em pedaços
- 2 colheres (de sopa) de manteiga sem sal Camponesa® em temperatura ambiente
- 1 ovo grande
- ½ xícara (de chá) de açúcar
- 1 colher (de sopa) de essência de baunilha
- ½ xícara (de chá) de farinha de trigo com fermento em pó
- 2 colheres (de sopa) de avelã picada
- 200 g de doce de leite Camponesa®

Preparo
Preaqueça a air fryer a 200ºC por cerca de 4 a 6 minutos. Enquanto isso, derreta o chocolate em banho-maria e misture com a manteiga. Aos poucos, adicione o ovo, o açúcar, a essência de baunilha, a farinha de trigo com fermento em pó e a avelã picada, misturando até incorporar bem. Feito isso, despeje o preparo em uma forma redonda (18 cm de diâmetro). Em seguida, com o auxílio de uma espátula, espalhe o doce de leite sobre a massa e leve o brownie para assar na air fryer, a 180ºC, por 20 minutos, ou até que a superfície esteja crocante e o centro esteja macio. Deixe esfriar antes de servir.

Brownie de Batata-doce

Por NutriU/Philips Walita
Rendimento: 12 porções
Grau de dificuldade: Fácil
Tempo de preparo: 40 minutos

Ingredientes
- 500 g de batata-doce
- 80 g de tâmara
- 1 pitada de sal
- Raspas de limão-siciliano
- Suco de 1 limão-siciliano
- 100 g de farinha de trigo integral
- 4 colheres (de sopa) de cacau em pó
- 16 g de fermento em pó
- 1 ovo
- 50 g de pistache sem casca, sem sal e picados grosseiramente
- 75 g de chocolate amargo picado
- Manteiga (para untar)
- Farinha de trigo (para enfarinhar)
- Cacau em pó (para polvilhar)

Preparo
Corte as batatas-doces em cubos de 2 x 2 cm e leve para assar na air fryer a 180ºC por 20 minutos. Enquanto isso, corte as tâmaras no sentido do comprimento e retire o caroço. Feito isso, misture as tâmaras, a batata-doce assada e o sal e passe pelo processador de alimentos até formar um purê. Em seguida, adicione as raspas e o suco de limão-siciliano, misturando bem. À parte, misture a farinha de trigo integral, o cacau em pó e o fermento em pó. Junte o purê de batata e adicione o ovo, misturando até formar uma massa homogênea. Por último, adicione os pistaches e o chocolate amargo picado. Então, despeje a massa em uma assadeira untada e enfarinhada e leve o brownie para assar na air fryer, a 180ºC, por 20 minutos, ou até dourar. Por último, polvilhe o brownie com o cacau em pó e corte-o em 12 pedaços iguais.

Brownie de Batata-doce
página 134

Brownie de Cacau sem Glúten e sem Lactose

Por Ana Regina Bonifácio (Personal Chef que atende pelo GetNinjas)
Rendimento: 2 a 4 porções
Grau de dificuldade: Fácil
Tempo de preparo: 25 minutos

Ingredientes

✓ 2 ovos
✓ 1 xícara (de chá) de leite vegetal de sua preferência
✓ 3 colheres (de sopa) de óleo de coco
✓ 2 xícaras (de chá) de farinha de amêndoa
✓ 1 colher (de sopa) de adoçante culinário para forno e fogão
✓ 3 colheres (de sopa) de cacau em pó
✓ 100 g de castanha-do-pará ou de castanha-de-caju picada
✓ 1 colher (de sopa) de fermento em pó
✓ Óleo de coco (para untar)
✓ Farinha de amêndoa (para enfarinhar)

Preparo

Com o auxílio de um batedor manual de arame, bata os ovos, o leite e o óleo. Acrescente a farinha de amêndoa, o adoçante, o cacau em pó e a castanha, misturando bem. Por último, acrescente o fermento em pó, mexendo delicadamente de baixo para cima. Feito isso, despeje a massa no cesto da air fryer, untado e enfarinhado, e leve para assar a 180ºC por cerca de 10 minutos, ou até dourar.

Brownie de Chocolate com Aveia

Por Quaker®
Rendimento: 12 porções
Grau de dificuldade: Fácil
Tempo de preparo: 15 minutos

Ingredientes

✓ 4 ovos
✓ 2 colheres (de sopa) de açúcar da sua preferência
✓ 1 pitada de sal
✓ ½ xícara (de chá) de chocolate amargo
✓ ½ xícara (de chá) de óleo
✓ 1 e 1/3 de xícara (de chá) de farinha de aveia integral Quaker®
✓ 4 colheres (de sopa) de cacau em pó
✓ Manteiga (para untar)
✓ ¼ de xícara (de chá) de aveia em flocos Quaker® (para polvilhar)

Preparo

Em um recipiente, misture o ovo com o açúcar e o sal. À parte, em banho-maria, derreta o chocolate amargo com o óleo e incorpore à mistura anterior. Em seguida, misture a farinha de aveia e o cacau à mistura. Despeje a massa em uma forma untada que caiba na air fryer, polvilhe aveia em flocos por cima e leve para assar na air fryer, a 180ºC, por 8 minutos, ou até que as bordas estejam assadas e o centro ainda esteja mole.

Carolina Recheada

Por Britânia
Rendimento: 5 porções
Grau de dificuldade: Médio
Tempo de preparo: 1 hora

Ingredientes
- 50 g de manteiga sem sal
- 2/3 de xícara (de chá) de água
- ½ xícara (de chá) de farinha de trigo
- 2 ovos
- Doce de leite ou recheio de sua preferência (para rechear)

Preparo
Preaqueça a air fryer a 180ºC por 5 minutos. Em uma panela, coloque a manteiga e a água e leve ao fogo médio. Quando ferver, junte a farinha de trigo e mexa até formar uma mistura uniforme. Retire o preparo do fogo e acrescente os ovos, um a um, misturando bem com o auxílio de um batedor manual de arame. Espere amornar e coloque a massa em uma manga de confeiteiro com o bico de sua preferência. Então, forre o cesto da air fryer com papel-alumínio e, com a manga de confeiteiro, faça as carolinas em formato arredondado, deixando uma distância de 2 cm entre elas. Leve as carolinas para assar na air fryer, a 180ºC, por cerca de 15 minutos, ou até dourar. Retire-as do aparelho e, com o auxílio da manga de confeiteiro, recheie-as com o doce de leite ou o recheio de sua preferência.

Chips Crocantes de Banana

Por NutriU/Philips Walita
Rendimento: 2 porções
Grau de dificuldade: Fácil
Tempo de preparo: 1 hora e 10 minutos

Ingrediente
- 2 bananas

Preparo
Com o auxílio de uma faca, corte as bananas em rodelas de 5 mm de espessura. Em seguida, disponha as rodelas no cesto da air fryer e asse-as a 100ºC por 1 hora. Retire os chips da air fryer e deixe esfriar. Se estiverem secos ao toque, é porque estão com a consistência ideal. Se necessário, asse por mais 10 minutos na mesma temperatura. Espere esfriar antes de servir.

Chips de Banana

Por Philco
Rendimento: 6 porções
Grau de dificuldade: Fácil
Tempo de preparo: 30 minutos

Ingredientes
- 6 bananas
- Suco de ½ limão
- Açúcar a gosto

Preparo
Preaqueça a air fryer a 200ºC. Descasque e corte as bananas em fatias bem finas. Depois, regue-as com o suco de limão e misture bem. Então, acomode as rodelas de banana no cesto da air fryer, diminua a temperatura para 180ºC e deixe assar por 20 minutos, ou até dourar, virando-as a cada 10 minutos para fritarem por igual e evitar que queimem. Retire os chips do aparelho e polvilhe-os com açúcar.

Chips de Maçã

Por Daniele Cambuí (Nutricionista do Vera Cruz Hospital)
Rendimento: 2 porções
Grau de dificuldade: Fácil
Tempo de preparo: 20 minutos

Ingrediente

✓ 2 maçãs inteiras com ou sem casca

Preparo

Lave as maçãs e corte-as em fatias bem finas. Em seguida, disponha as maçãs no centro da air fryer e leve para assar a 150ºC por cerca de 10 minutos. Desligue o aparelho, separe as fatias umas das outras, e retorne à air fryer por mais 5 minutos. Repita esse processo mais uma vez, ou até dourar. Por fim, retire as fatias de maçã da fritadeira e acomode-as sobre papel-toalha para secarem. Se após secas estiverem um pouco murchas, retorne-as à air fryer por 3 minutos, ou até obter o ponto desejado.

Churro de Chocolate

Por Receitas Mondial
Rendimento: 12 unidades
Grau de dificuldade: Médio
Tempo de preparo: 45 minutos

Ingredientes

✓ 2 xícaras (de chá) de água
✓ 2 colheres (de sopa) de açúcar
✓ 1 colher (de café) de sal
✓ 1 colher (de sopa) de óleo
✓ 2 xícaras (de chá) de farinha de trigo
✓ 2 colheres (de sopa) de chocolate em pó
✓ Óleo (para pincelar)
✓ ½ xícara (de chá) de açúcar (para polvilhar)
✓ 1 colher (de sopa) rasa de canela em pó (para polvilhar)
✓ Doce de leite ou brigadeiro cremoso (para servir)

Preparo

Preaqueça a air fryer a 200ºC. Em uma panela, coloque a água, o açúcar, o sal e o óleo. Leve ao fogo alto até levantar fervura. Quando ferver, despeje rapidamente a farinha de trigo misturada com o chocolate em pó, e mexa sempre até obter uma massa homogênea. Desligue o fogo e reserve a massa para amornar. Feito isso, com o auxílio de um saco de confeitar com bico pitanga, modele os churros com cerca de 6 cm de comprimento. Então, acomode-os no cesto da air fryer, pincele-os com óleo e leve-os para assar a 200ºC por cerca de 15 minutos, virando-os na metade do tempo para dourarem por igual. Retire os churros da air fryer e passe-os imediatamente pela mistura do açúcar com a canela em pó. Sirva com o doce de leite ou o brigadeiro cremoso.

Churro Light

Por Philco
Rendimento: 10 unidades pequenas
Grau de dificuldade: Difícil
Tempo de preparo: 45 minutos

Ingredientes

- ✓ 1 xícara (de chá) de água
- ✓ 1 colher (de sopa) de margarina light
- ✓ 1 pitada de sal
- ✓ 1 colher (de sopa) de adoçante culinário para forno e fogão
- ✓ ½ xícara (de chá) de farinha de trigo
- ✓ ½ xícara (de chá) de farelo fino de aveia
- ✓ Canela em pó (para polvilhar)
- ✓ Geleia ou doce diet/light de sua preferência (para rechear)

Preparo

Leve ao fogo a água, a margarina light, o sal e o adoçante até ferver. Ainda no fogo, junte a farinha de trigo e o farelo de aveia, e continue a mexer até que a massa desgrude do fundo da panela, formando uma bola. Retire da panela e coloque a massa ainda morna em uma manga de confeiteiro. Então, modele os churros, acomode-os no cesto da air fryer e leve-os para assar a 200ºC por cerca de 20 minutos, ou até dourar. Após retirar os churros da fritadeira, polvilhe-os com a canela em pó e recheie-os com a geleia ou o doce de sua preferência.

Cocada Cremosa

Por Camponesa
Rendimento: 6 porções
Grau de dificuldade: Fácil
Tempo de preparo: 35 minutos

Ingredientes

- ✓ 20 g de amido de milho
- ✓ 60 ml de leite Camponesa®
- ✓ 1 caixa de leite condensado Camponesa® (395 g)
- ✓ 2 ovos
- ✓ 250 g de coco ralado
- ✓ 200 ml de leite de coco
- ✓ Manteiga (para untar)

Preparo

Dissolva o amido de milho no leite. Em seguida, junte os demais ingredientes, mexendo bem até incorporar. Feito isso, despeje o preparo em uma forma untada e nivele com o auxílio de uma colher. Então, leve a cocada para assar na air fryer, preaquecida a 200ºC, por, aproximadamente, 25 minutos, ou até que a superfície da cocada esteja bem dourada.

Cookie

Por Gaabor
Rendimento: 10 unidades
Grau de dificuldade: Médio
Tempo de preparo: 15 minutos

Ingredientes
- 125 g de manteiga sem sal em temperatura ambiente
- ½ xícara (de chá) de açúcar mascavo
- ¾ de xícara (de chá) de açúcar
- 1 colher (de chá) de essência de baunilha
- 1 ovo batido
- 1 e ¾ de xícara (de chá) de farinha de trigo
- 1 colher (de chá) de fermento em pó
- 300 g de chocolate meio amargo picado

Preparo
Em um recipiente, coloque a manteiga, o açúcar mascavo, o açúcar e a essência de baunilha, e misture. Junte o ovo, misturando bem. Em seguida, acrescente a farinha de trigo aos poucos, até formar uma massa mais consistente. Junte o fermento em pó e mexa bem para incorporá-lo à massa. Por último, adicione o chocolate e misture. Feito isso, modele pequenas bolinhas com a massa, acomode-as no cesto da air fryer forrada com papel-manteiga, e leve para assar a 200ºC por, aproximadamente, 6 a 8 minutos, ou até dourar.

Cookie de Chocolate Rápido

Por NutriU/Philips Walita
Rendimento: 6 porções
Grau de dificuldade: Fácil
Tempo de preparo: 7 minutos

Ingredientes
- 100 g de farinha de trigo
- 10 g de cacau em pó
- 40 g de açúcar
- 1 pitada de sal
- ½ colher (de chá) de fermento em pó
- 30 g de manteiga
- 1 ovo
- 30 g de castanha-de-caju picada

Preparo
Em um recipiente, misture a farinha de trigo, o cacau em pó, o açúcar, o sal, o fermento em pó, a manteiga e o ovo. Sove a massa com as mãos até ficar homogênea. Feito isso, abra a massa entre duas folhas de papel-manteiga até ficar com uma espessura de 4 mm. Em seguida, corte a massa com um cortador e polvilhe as castanhas picadas sobre os cookies, pressionando levemente com as mãos. Então, disponha parte dos cookies no cesto da air fryer, e asse-os a 170ºC por 7 minutos, ou até dourar. Repita o processo com os demais cookies.

Cookie de Granola

Por Philco
Rendimento: 10 unidades
Grau de dificuldade: Fácil
Tempo de preparo: 15 minutos

Ingredientes
✓ 2 xícaras (de chá) de açúcar mascavo ou demerara
✓ 2 xícaras (de chá) de farinha de amêndoas ou de sua preferência
✓ Canela em pó a gosto
✓ 2 ovos
✓ 1 xícara (de chá) de granola
✓ 1 colher (de sopa) de fermento em pó

Preparo
Em um recipiente grande, misture todos os ingredientes com o auxílio de uma colher. Quando começar a incorporar, passe manteiga ou água nas mãos e mexa a massa até obter ponto de moldar. Feito isso, pegue pequenas porções de massa com as mãos, modele as bolinhas e achate-as com a ajuda de um garfo ou colher. Leve os cookies para assar na air fryer a 200ºC por cerca de 8 minutos, ou até dourar.

Cookie de Toddy®

Por Toddy®
Rendimento: 12 unidades
Grau de dificuldade: Fácil
Tempo de preparo: 2 horas

Ingredientes
✓ 200 g de manteiga sem sal em temperatura ambiente
✓ ½ xícara (de chá) de Toddy®
✓ ¾ de xícara (de chá) de açúcar
✓ 1 xícara (de chá) de açúcar mascavo
✓ 2 ovos
✓ 1 e ½ xícara (de chá) de farinha de trigo
✓ 1 colher (de chá) de bicarbonato de sódio
✓ ½ xícara (de chá) de minimarshmallow
✓ Minimarshmallow a gosto (para decorar)
✓ Toddy® a gosto (para polvilhar)

Preparo
Em um recipiente, coloque a manteiga, o Toddy® e os açúcares. Misture até obter uma massa homogênea. Em seguida, adicione os ovos e misture mais um pouco. Depois, acrescente a farinha de trigo e o bicarbonato de sódio, e mexa até formar uma massa homogênea. Por último, adicione os minimarshmallows e misture para incorporar. Leve o preparo à geladeira por 1 hora para firmar. Feito isso, forre o fundo da air fryer com papel-manteiga, disponha porções de cookie com o auxílio de uma colher, e decore com alguns pedaços de marshmallow. Leve os cookies para assar na air fryer a 180ºC por 8 minutos. Retire os cookies do aparelho e deixe esfriar por cerca de 10 minutos, para que a massa fique crocante por fora e úmida por dentro. Antes de servir, polvilhe Toddy® sobre os cookies.

Cookie sem Glúten

Por Marcella Garcez (Médica nutróloga)
Rendimento: 8 a 10 unidades
Grau de dificuldade: Fácil
Tempo de preparo: 20 minutos

Ingredientes

✓ 1 xícara (de chá) de farinha de amêndoa
✓ ¼ de xícara (de chá) de farinha de coco
✓ ¼ de xícara (de chá) de açúcar de coco
✓ ¼ de colher (de chá) de sal
✓ ¼ de colher (de chá) de bicarbonato de sódio
✓ 2 colheres (de sopa) de óleo de coco derretido
✓ 1 ovo
✓ 1 colher (de chá) de essência de baunilha
✓ ¼ de xícara (de chá) de gotas de chocolate sem glúten (opcional)

Preparo

Em um recipiente, misture a farinha de amêndoa, a farinha de coco, o açúcar de coco, o sal e o bicarbonato de sódio. Então, adicione o óleo de coco derretido, o ovo e a essência de baunilha à mistura seca, mexendo bem até formar uma massa homogênea. Feito isso, adicione as gotas de chocolate sem glúten e misture novamente. Em seguida, preaqueça a air fryer a 160ºC por cerca de 5 minutos. Enquanto isso, modele pequenas bolinhas com a massa e achate-as ligeiramente para formar os cookies. Por fim, acomode-os no cesto da air fryer, deixando espaço entre eles para não grudarem durante o cozimento, e asse-os por cerca de 8 a 10 minutos, ou até que ficarem dourados e levemente firmes. Deixe esfriar antes de servir.

Crumble de Banana com Aveia

Por Marcella Garcez (Médica nutróloga)
Rendimento: 2 a 4 porções
Grau de dificuldade: Fácil
Tempo de preparo: 25 minutos

Ingredientes

✓ 4 bananas maduras, sem casca e cortadas em rodelas
✓ 1 colher (de sopa) de suco de limão
✓ ½ xícara (de chá) de aveia em flocos
✓ ¼ de xícara (de chá) de farinha de trigo (ou farinha sem glúten, se preferir)
✓ ¼ de xícara (de chá) de açúcar mascavo, demerara ou xilitol
✓ ¼ de colher (de chá) de canela em pó
✓ 2 colheres (de sopa) de manteiga sem sal derretida
✓ 1 pitada de sal
✓ Sorvete de creme ou iogurte grego (para servir)

Preparo

Preaqueça a air fryer a 180ºC por cerca de 5 minutos. Enquanto isso, coloque as rodelas de banana em um recipiente e regue-as com o suco de limão. À parte, misture a aveia em flocos, a farinha de trigo, o açúcar mascavo, a canela em pó e o sal. Em seguida, adicione a manteiga à mistura de ingredientes secos e mexa até obter uma farofa. Então, coloque as rodelas de banana em uma assadeira própria para air fryer e cubra-as uniformemente com a farofa obtida. Coloque a assadeira no cesto da air fryer e asse por cerca de 10 a 12 minutos, ou até que o crumble esteja dourado e crocante. Sirva o crumble de banana ainda morno, com sorvete ou iogurte grego.

Crumble de Banana com Aveia
página 142

Crumble de Maçã

Por Jucenha (Para Multi)
Rendimento: 4 porções
Grau de dificuldade: Fácil
Tempo de preparo: 30 minutos

Ingredientes da Massa
- ½ xícara (de chá) de farinha de trigo
- ½ xícara (de chá) de aveia
- 1/3 de xícara (de chá) de açúcar mascavo
- Canela em pó a gosto
- Uma pitada de sal
- ½ xícara (de chá) de manteiga sem sal gelada

Ingredientes da Cobertura
- 4 a 5 maçãs pequenas sem casca e cortadas em cubos
- Suco de ½ limão
- 2 colheres (de sopa) de açúcar
- Canela em pó a gosto
- Sorvete de baunilha (para servir)

Preparo
Para fazer a massa, misture a farinha de trigo, a aveia, o açúcar mascavo, a canela e o sal. Em seguida, adicione a manteiga gelada e misture com os dedos até formar uma farofa. À parte, para fazer a cobertura, em um recipiente, coloque as maçãs, o suco de limão, o açúcar e a canela, misturando bem. Feito isso, em uma assadeira, coloque as maçãs e cubra com a farofa. Acomode a assadeira no cesto da air fryer e leve para assar a 180ºC por cerca de 20 a 25 minutos, ou até dourar. Sirva em seguida, com o sorvete de baunilha.

Fondue de Chocolate com Frutas

Por NutriU/Philips Walita
Rendimento: 4 porções
Grau de dificuldade: Fácil
Tempo de preparo: 4 minutos

Ingredientes
- 150 ml de creme de leite fresco
- 100 g de chocolate meio amargo picado
- 200 g de morango (para servir)
- 2 bananas cortadas em rodelas (para servir)
- 100 g de framboesa (para servir)

Preparo
Coloque o creme de leite em uma assadeira e aqueça na air fryer, a 180ºC, por 4 minutos. Quando estiver quente, desligue o aparelho e acrescente o chocolate, mexendo bem até derreter completamente. Se necessário, feche a gaveta do aparelho por um instante, com a assadeira dentro, para o calor residual derreter ainda mais o chocolate. Por fim, despeje o fondue em um rechaud e sirva com as frutas.

Maçã Assada com Aveia e Nozes

Por VigilantesdoPeso
Rendimento: 4 porções
Grau de dificuldade: Fácil
Tempo de preparo: 30 minutos

Ingredientes
- ✓ 4 maçãs
- ✓ ¼ de xícara (de chá) de aveia em flocos
- ✓ 3 colheres (de sopa) de uva-passa de sua preferência
- ✓ 1 colher (de sopa) de açúcar mascavo
- ✓ 1 colher (de sopa) de nozes picadas
- ✓ ¼ de colher (de chá) de canela em pó
- ✓ 1 colher (de sopa) de manteiga sem sal derretida

Preparo
Preaqueça a air fryer a 150ºC. Enquanto isso, corte a parte superior das maçãs e reserve as "tampas" obtidas. Em seguida, com o auxílio de uma colher ou faca, retire a polpa e os caroços da maçã, deixando o fundo da maçã intacto. À parte, em um recipiente, misture a aveia, a uva-passa, o açúcar mascavo, as nozes e a canela em pó. Junte a manteiga derretida e mexa bem para incorporar. Feito isso, preencha as maçãs com o recheio. Então, forre o cesto da air fryer com papel-alumínio ou papel-manteiga, acomode as maçãs recheadas e cubra-as delicadamente com as "tampas" das maçãs reservadas. Por fim, leve-as para assar na fritadeira por cerca de 22 a 25 minutos, ou até ficarem macias.

Maçã Assada Recheada com Tâmara e Castanha

Por NutriU/Philips Walita
Rendimento: 4 porções
Grau de dificuldade: Fácil
Tempo de preparo: 25 minutos

Ingredientes
- ✓ 4 maçãs
- ✓ 1 ovo
- ✓ 25 g de açúcar de confeiteiro
- ✓ 1 colher (de chá) de açúcar de baunilha
- ✓ Raspas de ½ laranja
- ✓ 25 g de castanha-portuguesa cozida, sem casca e picada
- ✓ 25 g de tâmara sem caroço e cortadas em pedaços pequenos
- ✓ 25 g de farinha de rosca
- ✓ 25 g de amêndoa em pó
- ✓ Suco de ½ laranja
- ✓ 1 pitada de sal
- ✓ 1 pitada de canela em pó

Preparo
Corte um pedaço de 1 cm de largura na parte superior da maçã, formando uma "tampa". Em seguida, com o auxílio de uma colher pequena, retire cuidadosamente o "miolo" da maçã, mas deixando o fundo intacto. À parte, em um recipiente, misture o ovo, o açúcar de confeiteiro, o açúcar de baunilha e as raspas de laranja, mexendo bem até obter uma mistura fofa. Então, adicione a castanha-portuguesa, a tâmara, a farinha de rosca, a amêndoa, o suco de laranja, o sal e a canela em pó, misturando até incorporar. Feito isso, recheie as maçãs com o preparo, cubra-as com a "tampa" e leve-as para assar na air fryer, a 160ºC, por cerca de 25 minutos. Deixe amornar e sirva.

Maçã Assada Recheada com Tâmara e Castanha
página 145

Maçã com Canela e Gengibre

Por Marcella Garcez (Médica nutróloga)
Rendimento: 2 porções
Grau de dificuldade: Fácil
Tempo de preparo: 20 minutos

Ingredientes
- 2 maçãs (prefira variedades firmes, como a Fuji ou Granny Smith)
- 1 colher (de chá) de canela em pó
- 1 colher (de chá) de gengibre em pó
- 1 colher (de sopa) de açúcar ou xilitol (opcional)

Preparo
Preaqueça a air fryer a 180ºC por cerca de 5 minutos. Enquanto isso, descasque as maçãs e corte-as em cubos de tamanho uniforme. Em um recipiente, misture a canela, o gengibre e o açúcar. Então, junte os cubos de maçã e misture bem para que fiquem cobertos pela mistura dos ingredientes em pó. Feito isso, coloque os pedaços de maçã no cesto da air fryer, em camada única, deixando uma pequena distância entre eles. Leve-os para assar por 8 a 10 minutos, agitando o cesto a cada 3 minutos para que cozinhem de maneira uniforme. Verifique a maciez dos cubos de maçã com um garfo e, se necessário, cozinhe por mais alguns minutos até que estejam macios e dourados. Reserve para esfriar antes de servir.

Dica: Você pode servir os cubos de maçã como um lanche saudável, polvilhados com um pouco mais de canela em pó ou acompanhados de um molho de iogurte, creme de baunilha, sorvete de creme, ou ainda para acompanhar pratos salgados, como frango e carne de porco, se desejar.

Muffin de Banana com Chocolate

Por Fernanda Mangabeira (Nutricionista do Vera Cruz Hospital)
Rendimento: 6 porções
Grau de dificuldade: Fácil
Tempo de preparo: 40 minutos

Ingredientes
- 3 ovos
- ½ xícara (de chá) de óleo de coco
- 1 colher (de sopa) canela em pó
- 3 bananas bem maduras
- 170 g de farinha de aveia
- 1 colher (de chá) de fermento em pó
- 1 colher (de chá) vinagre de maçã
- 1 xícara (de chá) de chocolate meio amargo ou 50% cacau picado

Preparo
Bata no liquidificador os ovos, o óleo de coco e a canela em pó até obter uma mistura homogênea. Em seguida, acrescente as bananas e bata mais um pouco. Despeje a massa obtida em um recipiente e adicione a farinha de aveia, o fermento em pó, o vinagre de maçã e, por último, o chocolate picado, mexendo delicadamente com o auxílio de um batedor manual de arame. Despeje a massa em forminhas para cupcake e leve para assar na air fryer, a 120ºC, por cerca de 30 ou 40 minutos, ou até que, ao espetar um palito, este saia limpo.

Pamonha Cremosa Fácil

Por Receitas Mondial
Rendimento: 8 a 10 porções
Grau de dificuldade: Fácil
Tempo de preparo: 15 minutos

Ingredientes

✓ 1 e ½ xícara de chá) de milho-verde fresco (não pode ser milho em conserva)
✓ 1 colher (de sopa) de manteiga ou margarina
✓ ½ xícara (de chá) de leite
✓ ½ xícara (de chá) de açúcar
✓ 1 pitada de sal
✓ Manteiga (para untar)
✓ Canela em pó (para polvilhar)

Preparo

Bata no liquidificador o milho-verde fresco, a manteiga, o leite, o açúcar e o sal. Despeje o preparo em pequenos refratários untados e leve à air fryer preaquecida, a 180ºC, por cerca de 15 minutos, ou até dourar. Retire da fritadeira e polvilhe canela em pó antes de servir.

Pastel de Maçã

Por Britânia
Rendimento: 8 unidades
Grau de dificuldade: Médio
Tempo de preparo: 1 hora

Ingredientes

✓ 3 maçãs sem casca e cortadas em cubos
✓ ½ xícara (de chá) de água
✓ 50 g de açúcar
✓ 1 colher (de café) de canela em pó (opcional)
✓ 1 colher (de sopa) de amido de milho
✓ 500 g de massa folhada
✓ 1 gema (para pincelar)
✓ Canela em pó e açúcar a gosto (para polvilhar)

Preparo

Em uma panela, coloque as maçãs, a água, o açúcar, a canela em pó e o amido de milho. Misture bem e leve ao fogo médio por cerca de 10 minutos, ou até as maçãs ficarem macias e a calda ficar espessa. Retire do fogo e reserve para esfriar. Feito isso, corte a massa folhada em retângulos, complete com o recheio de maçã e dobre a massa ao meio. Então, com o auxílio de um garfo, feche toda a lateral do pastel. Pincele a gema sobre os pastéis e leve-os para assar na air fryer, a 200ºC, por, aproximadamente, 15 minutos. Antes de servir, polvilhe a canela e açúcar sobre os pastéis assados.

Pastel de Nata Português

Por NutriU/Philips Walita
Rendimento: 5 porções
Grau de dificuldade: Fácil
Tempo de preparo: 35 minutos

Ingredientes
- 100 g de massa folhada
- 100 ml de água
- 1 pedaço de casca de limão-siciliano
- 100 g de açúcar
- 3 gemas
- 20 g de fécula de batata
- 200 ml de leite
- 2 pitadas de canela em pó (para polvilhar)

Preparo
Abra a massa folhada, corte-a em círculos e forre forminhas de muffin próprias para air fryer. Reserve. Em uma panela, aqueça a água, adicione a casca do limão e o açúcar, deixando ferver por alguns minutos. À parte, com o auxílio de um batedor manual de arame, bata as gemas com a fécula de batata. Em outra panela, aqueça o leite. Feito isso, adicione o leite quente lentamente na mistura de ovos, batendo sem parar. Depois, adicione a água com açúcar, descartando a casca do limão. Coloque essa mistura na panela e leve ao fogo, mexendo sempre até começar a engrossar. Despeje o creme obtido sobre a massa folhada, preenchendo ¾ das forminhas. Coloque as formas na air fryer e leve para assar a 180ºC por cerca de 14 minutos. Retire os doces do aparelho, reserve para amornar e polvilhe canela em pó por cima.

Pavlova com Iogurte e Frutas Vermelhas

Por Marcella Garcez (Médica nutróloga)
Rendimento: 4 a 6 porções
Grau de dificuldade: Fácil
Tempo de preparo: 1 hora e 20 minutos

Ingredientes
- 3 claras
- ¾ de xícara (de chá) de açúcar ou xilitol
- 1 colher (de chá) de amido de milho
- 1 colher (de chá) de vinagre branco
- ½ colher (de chá) de essência de baunilha
- 1 xícara (de chá) de iogurte grego adoçado ou natural
- 1 xícara (de chá) de frutas vermelhas de sua preferência frescas
- Folhas de hortelã (para decorar)

Preparo
Preaqueça a air fryer a 100ºC por cerca de 5 minutos. Enquanto isso, bata as claras na batedeira, em velocidade média-alta, até ficarem espumosas. Adicione o açúcar aos poucos, continuando a bater até obter picos firmes e brilhantes. Então, misture delicadamente o amido de milho, o vinagre branco e a essência de baunilha. Feito isso, forre o cesto da air fryer com papel-manteiga e, cuidadosamente, acomode o preparo no centro do papel, formando um disco. Leve a pavlova para assar por cerca de 45 a 60 minutos, ou até ficar crocante por fora e macia por dentro. Desligue a air fryer e deixe a pavlova esfriar completamente dentro do aparelho. Por fim, acomode o disco de pavlova em um prato, distribua o iogurte por cima e decore a pavlova com as frutas vermelhas e as folhas de hortelã.

Pavlova com Iogurte
e Frutas Vermelhas
página 149

Petit Gâteau

Por Gaabor
Rendimento: 2 unidades
Grau de dificuldade: Médio
Tempo de preparo: 25 minutos

Ingredientes
- 2 ovos
- 2 gemas peneiradas
- 3 colheres (de sopa) de açúcar
- 200 g de chocolate meio amargo
- 200 ml de creme de leite
- 2 colheres (de sopa) de manteiga sem sal
- 3 colheres (de sopa) de farinha de trigo
- Margarina (para untar)
- Farinha de trigo (para enfarinhar)
- 400 g de morango
- 2 colheres (de sopa) de creme de chocolate com avelã
- 2 picolés de sua preferência (para servir)

Preparo
Bata na batedeira os ovos, as gemas peneiradas e o açúcar até obter um creme amarelo-claro. Reserve. À parte, derreta o chocolate meio amargo em banho-maria e junte o creme de leite, a manteiga e a farinha de trigo, misturando bem. Acrescente a mistura dos ovos com açúcar ao creme de chocolate e mexa até incorporar. Distribua a massa de chocolate em forminhas para empada, untada e enfarinhada, e acomode-as no cesto da air fryer. Leve os bolinhos para assar, a 180ºC, por cerca de 7 minutos, ou até que a superfície esteja firme. Para montar o doce, em um recipiente, coloque o bolinho quente e decore-o com o morango, o creme de chocolate com avelã e o picolé.

Petit Gâteau de Doce de Leite

Por Camponesa
Rendimento: 4 porções
Grau de dificuldade: Difícil
Tempo de preparo: 30 minutos

Ingredientes
- 50 g de manteiga sem sal Camponesa®
- ¾ de xícara (de chá) de doce de leite Camponesa® (aproximadamente 200 g)
- ¼ de xícara (de chá) de açúcar
- 2 ovos
- 2 colheres (de sopa) de farinha de trigo peneirada
- 1 pitada de sal
- Manteiga Camponesa® (para untar)
- Farinha de trigo (para enfarinhar)
- Sorvete de leite a gosto (para servir)

Preparo
Preaqueça a air fryer a 140ºC por 15 minutos. Enquanto isso, coloque a manteiga em um refratário e leve ao micro-ondas por 1 minuto, ou até derreter. Em seguida, junte o doce de leite e o açúcar e misture bem com o auxílio de uma espátula, até obter uma mistura lisa. Em seguida, acrescente um ovo por vez e misture bem. Por último, acrescente a farinha de trigo peneirada e junte o sal, misturando delicadamente com o auxílio de um batedor manual de arame. Feito isso, despeje a massa em 4 refratários pequenos de cerâmica próprios para suflê, untados e enfarinhados, deixando cerca de 1 cm sem preencher. Coloque os refratários no cesto da air fryer e leve o petit gâteau para assar por cerca de 5 minutos, ou até os bolinhos crescerem e ficarem firmes na borda, mas moles no centro. Retire-os da fritadeira e deixe amornar por 5 minutos. Sirva com sorvete de leite.

Pudim de Leite Condensado

Por Receitas Nestlé
Rendimento: 12 porções
Grau de dificuldade: Fácil
Tempo de preparo: 1 hora

Ingredientes da Calda
✓ ½ xícara (de chá) de açúcar
✓ ¼ de xícara (de chá) de água

Ingredientes do Pudim
✓ 1 lata de leite condensado Moça®
✓ 500 ml de leite líquido Ninho® Forti+ Integral
✓ 3 ovos
✓ Água morna o necessário (para assar em banho-maria)

Preparo
Para fazer a calda, em uma panela, derreta o açúcar em fogo baixo até ficar dourado. Adicione a água com cuidado e continue a mexer em fogo baixo até que o caramelo fique com uma textura lisa e grossa. Despeje a calda em uma forma de orifício central (18 cm de diâmetro) e reserve. À parte, preaqueça a air fryer a 160ºC. Para preparar o pudim, bata no liquidificador o leite condensado, o leite e os ovos. Despeje a mistura sobre o caramelo já frio. Coloque a forma do pudim em uma assadeira redonda (20 cm de diâmetro) com água até a metade e deslize para dentro da air fryer. Ajuste o timer para 30 minutos e leve para assar. Após esse tempo, verifique se o pudim está firme. Caso esteja mole no centro, ajuste o timer para mais 10 minutos. Retire a forma da air fryer e deixe o pudim esfriar. Por fim, leve-o à geladeira por cerca de 4 horas. Desenforme e sirva.

Veja esta e outras receitas em:
www.receitasnestle.com.br

Pudim de Doce de Leite

Por Britânia
Rendimento: 8 porções
Grau de dificuldade: Fácil
Tempo de preparo: 1 hora

Ingredientes
- 1 xícara (de chá) de calda de caramelo
- 3 ovos
- 450 g de doce de leite cremoso
- 250 ml de leite

Preparo
Coloque a calda de caramelo em uma forma redonda de orifício central (cerca de 19 cm de diâmetro), espalhando-a nas laterais e no centro da forma. À parte, bata no liquidificador, em velocidade baixa, os ovos, o doce de leite e o leite. Despeje o creme obtido sobre o caramelo e cubra a forma com papel-alumínio. Coloque a forma do pudim no cesto da air fryer, feche a gaveta e leve para assar a 180ºC por cerca de 45 minutos, retirando o papel-alumínio nos últimos 10 minutos. Por fim, leve o pudim à geladeira por, pelo menos, 2 horas antes de desenformar.

Quindim

Por Receitas Mondial
Rendimento: 5 porções
Grau de dificuldade: Médio
Tempo de preparo: 30 minutos

Ingredientes
- 2 colheres (de sopa) de manteiga sem sal derretida
- 2 e ½ xícaras (de chá) de açúcar
- 2 ovos inteiros
- 10 gemas peneiradas
- 1 colher (de chá) de essência de baunilha
- 1 pitada de sal
- 100 g de coco ralado
- 200 ml de leite de coco
- Manteiga (para untar)

Preparo
Bata na batedeira a manteiga com o açúcar até obter um creme esbranquiçado. Depois, adicione os ovos, as gemas, a essência de baunilha, a pitada de sal, o coco ralado e o leite de coco, e bata até formar uma massa homogênea. Feito isso, despeje a mistura em forminhas individuais untadas, e leve-as para assar na air fryer a 180ºC por 10 minutos, ou até o quindim ficar consistente. Retire da fritadeira, deixe esfriar e desenforme.

Rabanada de Coco com Calda de Goiabada

Por Britânia
Rendimento: 8 unidades
Grau de dificuldade: Fácil
Tempo de preparo: 20 minutos

Ingredientes da Rabanada
- ✓ 2 ovos
- ✓ ½ lata de leite condensado
- ✓ 100 g de coco ralado
- ✓ 8 fatias de pão de brioche ou do pão de sua preferência

Ingredientes da Calda
- ✓ 100 g de goiabada picada
- ✓ 80 ml de água

Preparo
Em um recipiente, misture os ovos, o leite condensado e o coco ralado. Feito isso, mergulhe as fatias de pão na mistura obtida e acomode-as no cesto da air fryer. Leve as rabanadas para assar a 200ºC por cerca de 10 minutos, vire-as e asse por mais 5 minutos. Enquanto isso, faça a calda. Para isso, coloque a goiabada e a água em um refratário e leve ao micro-ondas, de 30 em 30 segundos, até derreter e obter ponto de calda. Por fim, retire as rabanadas da air fryer e sirva com a calda de goiabada.

Romeu e Julieta

Receitas Nestlé

Por Receitas Nestlé
Rendimento: 8 porções
Grau de dificuldade: Fácil
Tempo de preparo: 20 minutos

Ingredientes
- ✓ 600 g de goiabada cortada em fatias de 0,5 cm
- ✓ 1 copo de requeijão Nestlé® (200 g)
- ✓ 1 lata de creme de leite Nestlé®
- ✓ 1 ovo
- ✓ 1 pitada de sal

Preparo
Preaqueça a air fryer a 180ºC. Enquanto isso, forre o fundo e as laterais de refratários redondos (8 cm de diâmetro) com os pedaços de goiabada. Em outro recipiente, misture o requeijão, o creme de leite, o ovo e o sal, e misture com a ajuda de um batedor manual de arame. Despeje o preparo no recipiente com a goiabada, deixando um espaço de um dedo abaixo da borda. Coloque os refratários no cesto da fritadeira, ajuste o timer para 10 minutos e deixe até dourar. Repita o processo com todos os recipientes. Sirva quente.

Veja esta e outras receitas em:
www.receitasnestle.com.br

Sorvete Frito

Por General Mills – Häagen-Dazs
Rendimento: 2 unidades
Grau de dificuldade: Fácil
Tempo de preparo: 30 minutos

Ingredientes
✓ 2 xícaras (de chá) de sorvete Häagen-Dazs® no sabor de sua preferência
✓ 2 bombons trufados
✓ 2 xícaras (de chá) de cereal de milho
✓ 2 ovos batidos
✓ Calda de sua preferência (para servir)

Preparo
Use um plástico-filme para revestir uma caneca. Em seguida, coloque ½ xícara (de chá) de sorvete na caneca, cubra com um bombom trufado e finalize com ½ xícara (de chá) do sorvete. Com cuidado, retire o plástico-filme da caneca e embrulhe-o em formato arredondado. Repita o processo com o restante dos ingredientes. Deixe as bolas de sorvete, envoltas no plástico-filme, no freezer por, pelo menos, 2 horas. À parte, bata o cereal de milho no liquidificador para triturar. Então, retire as bolas de sorvete do freezer e retire o plástico-filme. Feito isso, passe as bolas de sorvete sobre o cereal triturado e, depois, no ovo batido. Embrulhe as bolas novamente no plástico-filme e leve ao freezer por mais de 3 horas. Por fim, retire o sorvete do freezer, retire o plástico-filme e acomode as bolas de sorvete no cesto da air fryer. Leve à fritadeira, preaquecida a 200ºC, por cerca de 2 minutos. Antes de servir, cubra com a calda de sua preferência.

Suflê de Chocolate

Por Receitas Mondial
Rendimento: 6 porções
Grau de dificuldade: Fácil
Tempo de preparo: 30 minutos

Ingredientes
✓ 180 ml de leite
✓ ½ xícara (de chá) de açúcar
✓ 1 colher (de sopa) de farinha de trigo
✓ 1 colher (de sopa) de manteiga sem sal
✓ 3 gemas
✓ 1 pitada de sal
✓ 1 xícara (de chá) de chocolate meio amargo picado
✓ 5 claras
✓ Manteiga (para untar)
✓ Açúcar (para polvilhar)

Preparo
Em uma panela, aqueça o leite com metade do açúcar. Em outro recipiente, misture a farinha de trigo, a manteiga, as gemas e a pitada de sal até formar uma pasta. Então, adicione essa pasta ao leite quente e junte o chocolate picado, mexendo sempre até dissolver, mas sem deixar o leite ferver. Desligue o fogo e reserve. À parte, leve as claras à batedeira e adicione o restante do açúcar, batendo até as claras ficarem firmes. Feito isso, delicadamente, incorpore as claras em neve ao creme de chocolate. Então, despeje a massa em forminhas para empada untadas e polvilhadas com açúcar. Leve o suflê para assar na air fryer preaquecida, a 180ºc, por cerca de 15 minutos.

Suflê de Chocolate com Rum

Por Britânia
Rendimento: 5 porções
Grau de dificuldade: Fácil
Tempo de preparo: 30 minutos

Ingredientes

✓ 300 g de chocolate meio amargo
✓ 6 gemas
✓ 50 ml de rum ou licor de sua preferência
✓ 6 claras
✓ ½ xícara (de chá) de açúcar
✓ Manteiga (para untar)
✓ Açúcar de confeiteiro (para polvilhar)
✓ Morango (para decorar)

Preparo

Derreta o chocolate meio amargo em banho-maria e junte as gemas e o rum. À parte, bata na batedeira as claras com o açúcar até obter ponto firme. Desligue o aparelho e junte o chocolate, misturando delicadamente. Feito isso, distribua a massa em formas próprias para suflê untadas, e leve para assar na air fryer, a 180ºC, por cerca de 10 minutos. Por fim, polvilhe de açúcar de confeiteiro sobre os suflês e decore-os com morangos.

Torrada com Chocolate Meio amargo

Por Receitas Nestlé
Rendimento: 1 unidade
Grau de dificuldade: Fácil
Tempo de preparo: 15 minutos

Ingredientes da Torrada

✓ 1 fatia de pão de forma integral
✓ 2 quadradinhos de chocolate Garoto® Talento® meio amargo 70% com nibs de cacau

Ingredientes da Cobertura

✓ 4 colheres (de sopa) de leite em pó instantâneo Ninho® Forti+
✓ 1 colher (de chá) de água
✓ 3 morangos cortados ao meio

Preparo

Para fazer a torrada, na air fryer a 200ºC, coloque a fatia de pão e deixe tostar por cerca de 5 minutos. Quando o pão estiver tostado, abra a air fryer e coloque o chocolate. Deixe por mais 3 minutos na fritadeira para derreter. Retire. Acomode a torrada em um prato e, com uma espátula, espalhe o chocolate no pão. À parte, prepare a cobertura. Para isso, em um recipiente, misture o leite em pó com a água até obter uma consistência grossa. Coloque por cima da torrada e finalize com os morangos.

Veja esta e outras receitas em:
www.receitasnestle.com.br

Torta de Maçã

Por Receitas Nestlé
Rendimento: 10 porções
Grau de dificuldade: Fácil
Tempo de preparo: 30 minutos

Ingredientes

- ½ xícara (de chá) de farinha de trigo
- 5 colheres (de sopa) de açúcar
- ½ colher (de chá) de canela em pó
- ½ colher (de chá) de fermento em pó
- 1 pitada de sal
- 2 maçãs grandes sem sementes e cortadas em fatias
- 1 caixa de creme de leite Nestlé® Levíssimo (200 g)
- 2 colheres (de sopa) de manteiga sem sal derretida
- 2 ovos batidos
- 2 colheres (de sopa) de açúcar cristal
- Canela em pó a gosto (para polvilhar)

Preparo

Preaqueça a air fryer a 160ºC. Enquanto isso, em um recipiente, misture a farinha de trigo, o açúcar, a canela em pó, o fermento em pó e o sal. Reserve. À parte, em uma forma redonda de aro removível (que caiba no cesto da fritadeira, com cerca de 20 cm de diâmetro), untada, distribua uma maçã cortada em fatias e cubra com a mistura dos ingredientes secos. Em outro recipiente, misture o creme de leite, a manteiga e os ovos e despeje sobre a torta. Então, coloque as fatias da outra maçã por cima, acomodando-as em formato de flor. Por fim, polvilhe o açúcar cristal, coloque a forma na cesta e deslize-a para dentro da air fryer, ajustando o timer para 20 minutos, ou até que a torta esteja dourada. Polvilhe a canela e sirva.

Veja esta e outras receitas em:
www.receitasnestle.com.br

ONDE ENCONTRAR

Ana Regina Bonifácio (Personal Chef que atende pelo GetNinjas)
www.getninjas.com.br

Arno
Instagram: @arnobrasil
Facebook: @ArnoOficial
YouTube: @arnooficial
Site: www.arno.com.br
SAC: (11) 2060-9777

Barilla
Instagram: @barillabr
Facebook: Barilla
Site: www.barilla.com

Britânia
Instagram: @britaniaeletro
Site: britania.com.br

Camponesa
Instagram: @leitecamponesa
Facebook: Leite Camponesa
YouTube: @leitecamponesa
Pinterest: @leitecamponesaoficial
Site: www.leitecamponesa.com.br

Chef Marina Linberger
Instagram: @cozinhadegentemoderna

Cintya Bassi (Coordenadora de Nutrição e Dietética do São Cristóvão Saúde)
www.saocristovao.com.br

Daniele Cambuí (Nutricionista do Vera Cruz Hospital)
www.hospitalveracruz.com.br

Fernanda Mangabeira (Nutricionista do Vera Cruz Hospital)
Instagram: @fecarvalhormangabeiraa_nutri
Facebook: Fernanda Carvalho Rocha Mangabeira Albernaz

Gaabor
Instagram: @gaabor.br
LinkedIn: www.linkedin.com/company/gaabor-brasil
Site: gaabor.com.br

General Mills – Häagen-Dazs, Kitano e Yoki
www.generalmills.com.br
www.haagen-dazs.com.br
www.kitano.com.br
www.yoki.com.br

Hemmer
Instagram: @hemmer_br
Facebook: Hemmer

Jucenha
Instagram: @jucenha

Lucia Endriukaite (Nutricionista do Instituto Ovos Brasil)
Instagram: @institutoovosbrasil
Site: www.ovosbrasil.com.br

Marcella Garcez (Médica nutróloga)
Instagram: @dramarcellagarcez

Mauricio Lopes (Chef e Docente dos cursos de graduação, pós-graduação e educação continuada na Universidade Presbiteriana Mackenzie)
Instagram: @gastronomiamackenzie
Site: www.mackenzie.br/graduacao/sao-paulo-higienopolis/gastronomia-tecnologo

Mondial Eletrodomésticos
Instagram: @mondialbr
Site: www.receitasmondial.com.br

Multi
Instagram: @multi_br
Site: www.multilaser.com.br

Nestlé
Instagram: @nestle_br
Facebook: Nestlé
Site: nestle.com.br

NutriU/Philips Walita
www.walita.com.br
Aplicativo NutriU – Airfryer
Receitas: https://tinyurl.com/398ym8hy (disponível para iOs e Android)

Perdigão
Instagram: @perdigao
Site: www.perdigao.com.br

Philco
Instagram: @philcobrasil
Site: philco.com.br

Pomarola/Cargill
Instagram: @pomarola.oficial
Site: www.cargill.com.br

Quaker
Instagram: @quakerbrasil
Site: quaker.lat/br

Sadia
Instagram: @sadiabrasil
Site: www.sadia.com.br

Toddy
Instagram: @toddybrasil

Vera Cruz Campinas
Instagram: @veracruzcampinas
Facebook: Vera Cruz Campinas

VigilantesdoPeso
www.vigilantesdopeso.com.br
SAC: 0800-591-2231

SUA RECEITA

**ENCONTRE MAIS
LIVROS COMO ESTE**

Camelot
EDITORA

CamelotEditora